Zu diesem Buch

Ist die Ehe gesundheitsschädlich? – Mit dieser Frage haben sich diverse Studien in den letzten Jahren beschäftigt. Die Antwort lässt aufhorchen: Männer leben in einer Ehe bzw. Langzeitbeziehung gesünder, glücklicher und länger, verheiratete und langfristig liierte Frauen dagegen sind häufiger krank als Singles. Routine und Alltagstrott, mangelnde Kommunikation, falsche Streitkultur, Machtspiele, Nörgeleien, Aggressionen, mangelnde Leidenschaft, unfaire Arbeitsteilung, krankhafte Eifersucht, Alkohol, Gewalt, Untreue – die Beziehung kann für Frauen ein echter gesundheitlicher Risikofaktor sein.

Andrea Micus hat neben wissenschaftlichen Erkenntnissen bewegende Erfahrungsberichte von Frauen gesammelt, die ihren langsamen Weg in die Krankheit und aus ihr heraus schildern. Gleichzeitig gibt sie Tipps, wie man Gefahren rechtzeitig erkennt und in den Griff bekommt. Es gibt Möglichkeiten, den Hebel wieder umzulegen und wieder gesund zu werden – mit oder ohne den Partner!

Die Autorin

Andrea Micus, Jahrgang 1958, ist freie Autorin und verfasst neben ihrer Arbeit als Journalistin Bücher. Sie ist verheiratet, hat zwei Kinder und lebt in Marburg.

Andrea Micus

Wenn Liebe Frauen krank macht

**Geheime Mechanismen in der Partnerschaft
und wie man sie erkennt**

Rowohlt Taschenbuch Verlag

Originalausgabe
Veröffentlicht im Rowohlt Taschenbuch Verlag GmbH,
Reinbek bei Hamburg, Februar 2003
Copyright © 2003 by Rowohlt Taschenbuch Verlag GmbH,
Reinbek bei Hamburg
Alle Rechte vorbehalten
Umschlaggestaltung any.way, Wiebke Buckow
(Foto: Folio)
Satz Proforma PostScript (PageMaker)
bei Pinkuin Satz und Datentechnik, Berlin
Druck und Bindung Clausen & Bosse, Leck
Printed in Germany
ISBN 3 499 61443 x

Die Schreibweise entspricht den Regeln
der neuen Rechtschreibung.

Inhalt

Kann Liebe krank machen?

Ihr Tag beginnt wie immer mit Herzrasen. Diesmal zwingt sich Sabine B. (52) aus dem Haus und geht zum Arzt. Dort schildert sie auch ihre schweren Migräneanfälle, die Schlafstörungen und die immer häufiger auftretenden depressiven Stimmungen. Trotz intensiver Untersuchungen sind organische Störungen nicht zu finden. Schließlich stellt der Mediziner die entscheidende Frage: «Wie steht's eigentlich in Ihrer Ehe?»

Sabine B. zuckt zusammen. Volltreffer? Heraus kommt eine Geschichte, wie sie Millionen Frauen in Deutschland erzählen könnten: Sabine hat mit Anfang zwanzig geheiratet und kurz hintereinander drei Kinder bekommen. Ihr Mann hat Karriere als Bankdirektor gemacht. Sie hat den Haushalt und die Kindererziehung übernommen. Eine klare Arbeitsteilung, die so lange gut ging, wie die Kinder im Haus waren. Als sie flügge wurden und Sabine allein zurückblieb, fiel sie in ein emotionales Loch. Ihr Mann war zu sehr mit sich beschäftigt, um die Seelennöte seiner Frau zu erkennen. Sabine suchte nach Auswegen aus der Misere, machte sich Gedanken, wie sie die Leere füllen sollte. Doch ihre Vorschläge, zum Beispiel nochmal eine Ausbildung zu starten, wischte er barsch vom Tisch. «Dir fehlt doch nichts. Ich verdiene genug», war die Antwort, die sie an einem der wenigen Abende, die er zu Hause verbrachte, bekam.

Ein Ehepaar, das längst in zwei Welten lebte. Er fand Erfüllung in der Arbeit sowie im Partei- und Vereinsleben. Sabine war in einer Orientierungsphase, in der sie Hilfe brauchte. Doch ihre zaghaften Hinweise empfand er nur als Klagen, die er genervt abwies. Sabine fühlte sich immer mehr allein gelassen, igelte sich ein, unternahm nichts mehr. Sie schlitterte in eine Depression, die er als Langweiligkeit deutete.

Der Arzt empfiehlt Sabine einen Psychologen. In der Therapie werden ihr die Ursachen dieser Depression bewusst. «Es war das Ergebnis von dreißig Jahren Dulden, Verstehen, Verzeihen», erkennt sie. «Ich hatte verlernt, meine Bedürfnisse auszusprechen. In meiner Ehe war immer nur wichtig, was meinen Mann betraf. Erst im Nachhinein ist mir aufgefallen, dass drei Jahrzehnte lang nur sein Beruf unseren Alltag und unsere Gespräche bestimmte. Abschlüsse, Provisionsverträge, Kundenkontakte, Fortbildungsseminare. In unseren ersten Ehejahren hatte er mir Abend für Abend davon erzählt und mir in schillernden Farben ausgemalt, welche Strategien er künftig anwenden würde, um auf der Karriereleiter nach oben zu kommen. Meine Aufgabe bestand einzig und allein darin, immer geduldig zuzuhören, anerkennend zu nicken und ab und zu bewundernde Kommentare abzugeben.»

Sabine geht noch einen Schritt weiter: «Alles, was er sagte, war anscheinend so richtungsweisend, so außergewöhnlich, so wichtig, dass ich mich nie getraut hätte, etwas dagegenzusetzen. Heute glaube ich, dass er mich vom ersten Tag unserer Ehe an mit seinen großartigen Reden einschüchtern und beherrschen wollte. Eine Strategie, die bei mir voll fasste. In unserer Ehe entwickelte sich nur einer, während der andere ausgesogen wurde. Dummerweise habe ich dreißig Jahre gebraucht, um zu begreifen, dass ich allein diejenige war, auf deren Kosten das Ehefundament aufgebaut war.»

Sechs Monate Gesprächstherapie zeigten Sabine auf, dass jahrelange Nichtbeachtung durch ihren Mann die Symptome hervorgerufen hatte, mit denen sie unbewusst Aufmerksamkeit zu erregen hoffte.

Ihr Körper hatte Alarm gegeben, weil die Schreie ihrer Seele nicht erhört wurden.

Sabine ist kein Einzelfall. Diverse Studien deutscher Universitäten (führend sind darin die Sozialmedizinischen Institute der Universitäten Berlin, Bielefeld und Köln) ergaben: Jede zweite Ehefrau erkrankt aufgrund von Problemen in der Partnerschaft. Stress, Streit, Ehebruch und Demütigungen, Lieblosigkeiten und Nichtbeachtungen führen immer öfter zu körperlichen und seelischen Schäden. Dabei ist es unwichtig, ob die Frauen berufstätig sind oder nicht. Berufstätige Ehefrauen und Mütter leiden unter Stress, nicht-berufstätige unter Isolation und Einsamkeit. Untersuchungen der Weltgesundheitsorganisation zeigen: Frauen, die keine Unterstützung und Anerkennung durch den Ehemann bekommen, sind anfälliger für Infekte und leiden häufiger unter Depressionen. Für Männer dagegen scheint die Ehe geradezu ein Gesundbrunnen zu sein. Laut Statistik leben 80 Prozent der Männer mit Trauschein länger, glücklicher und gesünder als männliche Singles. Für die Forscher kein Wunder, denn sie kommen in den Genuss der Fürsorge ihrer Frauen. Noch immer tragen die Frauen die Hauptlast in Familie und Haushalt. Sie fühlen sich oft für alles verantwortlich. Fehlen dann Anerkennung und Wärme, Ausgleich und Bestätigung, baut sich Frust auf. Die üblichen Folgen: seelische Krankheiten wie Migräne, Ess- und Schlafstörungen, Depressionen. Die oft über Jahre aufgebauten negativen Gefühle und Gedanken suchen sich ein Ventil. Längst weiß man, dass dauerhafte Spannungen in der Partnerschaft den Hormonhaushalt und den Kreislauf aus der Balance bringen und somit das Immunsystem schwächen. Forscher glauben, dass Männer gesünder bleiben, weil sie dagegen Rückhalt und Bestätigung im Beruf finden. Frauen bleiben mit ihrem Frust meist allein.

Solange es gut geht

Viele Frauen erkennen die krank machenden Strukturen und beenden, was sie zu zerstören droht. Fast zwei Drittel der Scheidungen werden in Deutschland mittlerweile von Frauen beantragt, und die Zahl der scheidungswilligen Frauen steigt nach Erhebungen des Statistischen Bundesamtes stetig. Im Jahr 2000 waren es 130 000 Frauen, die ihre Ehe beenden wollten. Insgesamt wurden knapp 200 000 Ehen geschieden.

Das ist der vorläufige Höhepunkt einer stetigen Entwicklung. Die Wahrscheinlichkeit, dass eine Ehe geschieden wird, hat sich in den alten Bundesländern seit 1978 verfünffacht. Der Grund für die steigende Scheidungsrate ist nach Meinung von Soziologen darin zu sehen, dass Frauen zunehmend berufstätig und damit finanziell unabhängig sind. Da sie nicht mehr wie früher «wegen böswilligen Verlassens» um ihren Unterhaltsanspruch fürchten müssen, können sich auch Nurhausfrauen leichter entschließen, die Fesseln einer belastenden Ehe abzustreifen. Interessant ist, dass zwei Fünftel aller Ehen kurz vor der Silberhochzeit geschieden werden. Am häufigsten trennen sich Paare innerhalb der ersten sechs Ehejahre.

Das sind Zahlen, die zweifellos beunruhigen. Verkommen Ehe und eheliche Liebe zu einem Wegwerfartikel, wie es uns die Medien seit einiger Zeit suggerieren wollen? Sind wir nicht mehr bindungsfähig und geben die Ehe allzu leichtfertig auf?

Die Fakten sprechen dagegen. Zum Beispiel die Tatsache, dass Eheleute im Durchschnitt noch nie so lange zusammengelebt haben wie heute. Denn die durchschnittliche Lebenserwartung ist in den letzten zweihundert Jahren fast um das Dreifache gestiegen. Im achtzehnten Jahrhundert betrug sie nicht einmal dreißig Jahre, es wurden also viel mehr Ehen als heute frühzeitig durch den Tod getrennt. Der Satz «Bis dass der Tod euch scheidet» hatte damals daher eine andere Bedeutung. Wer heute heiratet, hat vor, etwa drei Viertel seines Lebens mit seinem Partner zu verbringen. Die Rede von der Ehe als Wegwerfartikel ist also ungerecht, denn im Grunde halten es Männer und Frauen länger miteinander aus, als es jemals der Fall war.

Von Leichtfertigkeit kann ebenfalls keine Rede sein. Partner, die sich trennen beziehungsweise die Scheidung einreichen, haben in der Regel jahrelange schmerzhafte Auseinandersetzungen hinter sich und brauchen meist Jahre, um die Trennung zu verkraften. Auch wenn mehr als die Hälfte der Geschiedenen innerhalb von zwei Jahren wieder gebunden ist, bedeutet das nicht, dass eine Trennung schnell überwunden ist. Viele Betroffene leiden sogar lebenslang an der erlittenen Enttäuschung und glauben, «versagt» zu haben. Wer ungebunden bleibt, den belastet die Vorstellung, «nicht partnerschaftsfähig» zu sein.

Es liegt also weder am Leichtsinn der Menschen noch an der Schnelllebigkeit der Gesellschaft, die bewirkt, dass zum Glücksempfinden immer rascher aufeinander folgende Highlights auch im Privatleben erwartet werden. Woran liegt es dann, dass die Ehen so instabil sind?

Eine Reihe von Gründen, die früher eine Ehe aufrechterhielt, greift heute einfach nicht mehr. So war in der Vergangenheit der Erhalt der Ehe auch eine Frage des wirtschaftlichen Überlebens. Die Ehe war eine Wirtschaftsgemeinschaft. Das gibt es heute auch noch. Aussagen wie «Wenn ich mich scheiden lasse, bin ich ein armer Mann!» oder «Wovon soll ich denn leben, wenn ich meinen Mann verlasse?» kennt jeder, und sie haben auch noch ihre Berechtigung. Aber materielle Abhängigkeit ist in der Regel kein Grund mehr zusammenzubleiben. So haben viel mehr Frauen als früher eine gute Ausbildung und ausreichend Berufserfahrung, um auf den «Ernährer» verzichten zu können.

Auch die Rollenverteilung war früher klarer als heute. Er konzentrierte sich auf das Leben außerhalb, sie innerhalb der Familie. Die Familie zu ernähren war seine Sache, sie emotional zu führen ihre. Wenn er ausfiel, war sie schutzlos der Gesellschaft ausgeliefert. Wenn sie wegfiel, verkam er emotional. Jeder brauchte den anderen.

Obwohl solche alten Rollenbilder auch heute noch Bestand haben, sind sie nicht mehr ausschließlich. Längst kann die Frau als Alleinerziehende die Kinder durchbringen. Männer stehen offen dazu, Hausmänner zu sein. Die Rollenaufteilung als Stabilitätsfaktor gibt es nicht mehr. Frauen stehen im Beruf ihren Mann und sind dadurch ein Stück unabhängiger, was eine Trennung leichter machen kann.

Zudem war die eheliche Gemeinschaft früher durch Gesellschaft und Kirche gefordert. Ihre Unauflösbarkeit war eine verbindliche Norm. Wer dagegen verstieß, wurde von der Gesellschaft geächtet. Heute vertreten selbst Anhänger der christlichen Lehre die Auffassung, dass die lebenslange Ehe mehr ein Ideal ist, das man anstreben sollte. Eine gut besuchte christliche Veranstaltung zum Thema «Ehe» hatte den Titel: «Solange es gut geht!», und diskutiert wurde, wann man den Schlussstrich ziehen und gehen sollte. Die Kirche passt sich also längst den gesellschaftlichen Veränderungen an. Ein Verbot von Scheidung ist nicht mehr vertretbar, womit auch die Bindekraft christlicher Überzeugungen nachgelassen hat.

Was bleibt dann noch? Was hält Ehepartner heute zusammen? Ganz klar: einzig und allein die zwischenmenschliche Qualität der Partnerschaft. Ob zwei Menschen sich verstehen, lieben, harmonieren, entscheidet ausschließlich, dass sie beieinander bleiben. Doch Liebe und Verständnis, Vertrauen und das Gefühl der Zugehörigkeit unterliegen Schwankungen. Wie sie damit umgehen, hängt von der Fähigkeit der Eheleute ab, von ihren Eigenschaften, Möglichkeiten, Erfahrungen und ihrem Willen. Das einigende Band ist schmal geworden. Daher ist es kein Wunder, dass die Ehe heute labil ist. Es fehlen die äußeren Rahmenbedingungen früherer Zeiten, und die Liebe, früher ein Beiwerk, ist zum zentralen Aufhänger geworden. Doch damit kann man sich und den Partner schnell überfordern.

Umso wichtiger ist es heutzutage, wenn es um lebenslanges Zusammenleben geht, sich mit dem Wesen der Partnerschaft auseinander zu setzen. Was sollte sie ausmachen? Was kann sie belasten? Woran kann sie zerbrechen? Aber auch, wie sieht mein Beitrag aus? Und wie stehe ich Krisen durch? Was passiert, wenn ich krank werde? Fragen, die im Folgenden beantwortet werden sollen.

Ist meine Ehe gut für mich?

Viele Paare sind so in Alltagsroutine erstickt, dass sie sich diese Frage gar nicht mehr stellen. Man hat geheiratet, also gehört man zusammen und geht seinen Weg gemeinsam. Längst hat man akzeptiert, dass es nichts «Hundertprozentiges» gibt. Man argumentiert: «Stimmungstiefs gehören eben dazu. Auseinandersetzungen sind notwendig, da kann es auch mal krachen. So sieht's doch in jeder Ehe aus.» Was sich locker anhört, ist jedoch im Grunde ein Sargnagel für die Ehe, der erste Schritt in Richtung Krankheit. Denn Hinnehmen, Resignieren, Schlucken kann über Jahre nicht gut gehen. Besser ist es, ab und zu einen «Ehestatus» zu erstellen und sich zu fragen, ob noch alles stimmt. Zu einer glücklichen Ehe gehören folgende zehn Punkte:

Verliebtheit

Verliebtheit ist nicht das einzige Kriterium für das Gelingen einer Ehe, aber sie ist eine wichtige und wunderbare Basis. Durch das Gefühl des Verliebtseins ist man dem Partner gegenüber grundsätzlich positiv eingestellt und fühlt sich ihm nahe. Es schafft eine Vertrautheit, die Brücken schlägt. Was einen bei einem Wildfremden abschreckt, empfindet bei einem Menschen, den man liebt, womöglich als reizvoll und interessant. Man möchte den anderen erkunden, kennen lernen, sich ganz auf ihn und seine Welt einlassen. Diese Offenheit ist eine wichtige Voraussetzung, um auch Täler durchschreiten und emotionale Durststrecken durchhalten zu können. Aber sie birgt auch Gefahren. Am Anfang einer Beziehung führt die heftige Verliebtheit oft dazu, dass man den Partner zu stark idealisiert. Man sieht Fehler nicht mehr, empfindet unüberbruckbare Hindernisse nicht als solche. «Ihr passt gar nicht zusammen», hören Paare oft von ihren Freunden. Wer verliebt ist, sieht das anders, aber der Alltag holt einen schnell wieder ein. Drei Monate hält das irreale Gefühl der Verliebtheit angeblich an. Ausgelöst wird es durch die «Gefühlszentrale» im Gehirn, das limbische System. Diese Abteilung schickt Glückshormone, so genannte Endorphine, auf den Weg, die wie eine Rohrpost über die Blutgefäße die frohe Botschaft im ganzen Körper verbreiten. Jene körpereigenen Stoffe regulieren unter anderem die Körpertemperatur, betäuben Schmerzen, kurbeln die Triebkraft und Lebensenergie an. Die Nebennierenrinde erfährt davon und dämpft daraufhin die Ausschüttung von Stresshormonen. Die Immunzellen arbeiten auf Hochtouren und wehren erfolgreich Viren und Bakterien ab. Wir fühlen uns gesund, aktiv, lebensfroh. Das innere Wohlgefühl zeigt sich durch erhöhten Blutdruck, eine frischere Gesichtsfarbe, beschwingtere Bewegungen und eine erhöhte Herzfrequenz. Das Herz «schlägt höher», wie es in Liebesgedichten heißt. Das amouröse Hormongebräu macht uns zwar empfänglich für den Partner, aber nicht für Probleme und Warnungen von außen.

Irgendwann ist allerdings Schluss mit der Jubeltour. Dann hat der Alltag einen wieder, und plötzlich sieht man vieles glasklar. Der Schein bröckelt, und die Realität schleicht unmerklich in die Zweisamkeit. Was man beim Partner anfänglich «niedlich» oder «putzig» fand, wird zur Störquelle. «Wenn er raucht, wirkt er so männlich», schwärmte Heide (34), eine Zahnarzthelferin, von ihrem Freund Horst (37). Später entzündete sich an der Zigarette manche erbittert geführte Auseinandersetzung. «Merkst du nicht, dass ich Probleme mit den Bronchien bekomme?», fragte sie, wenn er in einem Restaurant nach dem Essen rauchte. Zu Hause hielt sie sich dann weniger zurück. «Du bist ein richtiger Egoist», warf sie ihm vor. «Du verpestest alles und lässt andere leiden. Mit so einem Menschen will ich nicht zusammen sein.»

Horst reagierte entsprechend. Er war zwar selbst nicht glücklich über seine Abhängigkeit, doch vorschreiben lassen wollte er sich auch nichts. Also ertappte er sich dabei, dass er oft nur deshalb zur Zigarette griff, um klar zu demonstrieren: So lasse ich nicht mit mir umspringen. Das Thema Rauchen wurde zur Liebesfalle. Es verging kaum ein Tag, an dem es nicht Krach deswegen gab. Heide wollte, dass Horst nicht in der Wohnung, sondern nur noch auf der Terrasse rauchte. Er sah das nicht ein und konterte mit dem Hinweis: «Ich zahle immerhin die halbe Miete!» Nach einem Jahr war die Beziehung kaputt, sie trennten sich. «Nie wieder einen Raucher», sagt Heide heute. Kaum zu glauben, dass sie den Dunst in der Verliebtheitsphase gar nicht wahrgenommen, im Gegenteil, das Bild von Horst mit der Zigarette in der Hand sogar anziehend gefunden hatte.

Ein Beispiel, das viele Paare nachempfinden können. Liebe macht blind. Das kann fast jeder bestätigen. Die wohl situierte Chefsekretärin Ingrid (53), die sich mit dem balinesischen Kofferträger einlässt und lange Zeit ernsthaft den Umzug auf die Insel erwägt, erlebt das genauso wie die attraktive Mercedeshändler-Gattin Jutta (46), die sich im Urlaub in Marokko in den 20 Jahre jüngeren Bauernsohn verliebt, der am Strand sein Kamel den Touristen für Ausritte anbietet. «Er ist so einfühlsam und aufmerksam. Unsere Liebe ist ein Geschenk», schwärmt sie. «Dieser Mann zeigt mir, was wirklich wichtig ist im Leben: Vertrauen, Zuwendung, Ehrlichkeit. Das Alter und die Kultur spielen doch keine Rolle, wenn die Gefühle stimmen.» Nach zwei Wochen Urlaub versprach Jutta ihm wiederzukommen. Zu Hause erkannte ihr Mann sie nicht wieder. Sie hüllte sich in orientalische Tücher, las Bücher über den Islam und lernte Französisch. Vier Monate später packte sie in einer Nacht-und-Nebel-Aktion die Koffer und verließ ihren Mann. In Agadir nahm sie sich von ihrem Ersparten eine Wohnung und zog mit ihrem jungen Freund dort ein. Eine Zeit lang sah man beide Händchen haltend über die Strandpromenade bummeln. Sie lernte seine Familie kennen, die die blonde Deutsche aber rigoros ablehnte. Jutta konnte das nicht erschüttern. Voller Zuversicht plante sie mit Ali den Aufbau einer gemeinsamen Existenz. Ein Onkel gab ihnen den Tipp, ein Teppichgeschäft zu eröffnen. Jutta war begeistert und machte ihre Lebensversicherung flüssig. Doch als sie im neu eröffneten Geschäft stehen wollte, gab's Krach. Das ließ Ali nicht zu. Eine Frau gehört ins Haus. Jutta sah das ein und lebte fortan nach seinen Spielregeln. Sie saß zu Hause, kochte und hütete das Heim, er kümmerte sich um die Geschäfte. Danach traf er sich mit seinen Freunden. Nach Hause kam er nur noch zum Schlafen. Ohne einen Gutenachtkuss legte er sich ins Bett und schlief ein. Von der Zärtlichkeit und Leidenschaft, die Jutta anfangs so fasziniert hatten, war keine Rede mehr. Jutta: «Er hatte mich sicher. Das war's. Ich begriff schnell, dass im Orient die Uhren anders gehen. Aber da war's schon zu spät.» Beim Einkaufen entdeckte sie schließlich ihren Ali mit einer anderen, wieder erheblich älteren, Touristin am Strand. «Eng umschlungen lag er mit ihr im Sand. Ich dachte, ich drehe durch», erzählt sie offen. «Da begriff ich, dass er mich nur ausgenutzt hatte. Er wollte mein Geld, meine Sicherheit. Die Liebe war nur geheuchelt. Aber ich war so blind gewesen, dass ich alle Warnungen von meinen Freunden in den Wind geschlagen hatte. Ich hatte das nicht wahrhaben wollen. Der Mann hatte mir offenbar den Verstand weggeküsst.»

Sechs Monate hatte das Abenteuer Marokko und Ali gedauert. Dann stand Jutta mit einem Koffer wieder am Düsseldorfer Hauptbahnhof. 70 000 Mark hatte sie in dieser Zeit durchgebracht. Ihr Mann hatte eine andere und wollte sie nicht mehr. Jutta war verzweifelt. Sie erlebte eine Phase tiefsten Unglücks und brauchte lange, um sich wieder zu fangen. Heute arbeitet sie in einem Lebensmittelgeschäft, bewohnt eine kleine Zweizimmerwohnung und ist von Männern schwer enttäuscht. «Liebe? Nein, den Glauben daran habe ich verloren. Ich habe gelernt, dass dieses Gefühl einen schnell um alles bringen kann. Man wird fremdbestimmt von den Hormonen und fasst keinen klaren Gedanken mehr.»

Finanzen, Kultur, Sprache, Lebensstil – alles kann der Liebe Grenzen setzen. Doch die Betroffenen wollen das nicht sehen. Ihnen verleiht die Liebe Flügel und lässt sie über Wochen und Monate glauben, sie könnten die Realitäten besiegen und vom Gefühl leben. In der Verliebtheit sieht man nur den gemeinsamen Weg, aber nicht die Hürden, die dafür genommen werden müssen. Jeder kennt den Ausdruck «Nur von Luft und Liebe leben». Es geht wirklich. Ein paar Wochen und Monate bringt das ekstatische Gefühl den Körper auf Trab. Doch dann fährt dieser sein Höchstmaß wieder zurück.

Plötzlich sieht man die Unterschiede sonnenklar. Die Händlersgattin begreift, dass sie mit dem Kamelbesitzer keine Zukunft hat. Die Chefsekretärin weiß irgendwann, dass sie mit ihrem Balinesen nichts gemein hat.

«Wir hatten uns nichts mehr zu sagen», erzählt Ingrid. «Während wir früher stundenlang radebrechend im Sand saßen und versuchten, uns mit den paar Bröckchen Englisch, Deutsch, Französisch zu verständigen, war das auf einmal nur noch anstrengend. Seine Freunde, die ich früher so faszinierend gefunden hatte, gingen mir auf die Nerven, und die allgegenwärtige Antriebslosigkeit machte mich rasend. Nach zwei Urlauben verlor ich die Lust an diesem Leben und meldete mich nicht mehr. Mir war aufgegangen, dass wir keine Gemeinsamkeiten hatten.»

Gemeinsamkeiten

Obwohl sich Gegensätze bekanntlich anziehen, sind Gemeinsamkeiten für eine dauerhafte Beziehung und eine haltbare Ehe meistens besser. Hinsichtlich grundlegender Dinge wie Nationalität, sozialer Status, Schulbildung, Alter und Interessen sollte es Ähnlichkeiten geben, sonst können Beziehungen allzu großen Belastungen ausgesetzt sein. Die Liebe stirbt an zu viel Auseinandersetzungen.

Als sich Nina (22), eine Tochter aus gutem Hause, in den Handwerker Heiner (26) aus der Nachbarschaft verliebte, sahen beide in den mangelnden Gemeinsamkeiten kein Problem. Sie ging gern Golfen, er war bei der freiwilligen Feuerwehr. Sie war Mitglied im örtlichen Kunstclub und besuchte begeistert Vernissagen. Er ging regelmäßig samstags zu einem Fußballspiel. Was beide anfangs als Bereicherung ihres Horizonts empfunden hatten, wurde schließlich zur Last, weil der andere nichts damit anfangen konnte. Sie fand Bierkneipen «unpassend», er ihre Golfturniere «ätzend». Die Liebe starb an zu wenig gemeinsamen Vorstellungen und Zielen. Letzteres ist ausschlaggebend. Man kann unterschiedliche Erziehung oder Herkunft ausgleichen, wenn beide für die Zukunft die gleichen Ziele haben. Doch Nina wollte «niemals» auf den Fußball-platz, Heiner «niemals» Golfspielen. Sie konnten sich nicht einmal auf eine gemeinsame Wohnung einigen. Sie liebte die Abgeschie-denheit und Ruhe, er den Trubel der Innenstadt. Sie kleidete sich klassisch-dezent, er mochte es flippig und schrill. Nach zwei turbu-lenten Jahren kehrte sie reumütig in den Schoß der Familie zurück. Ihr Ausbruch in die andere Welt war gescheitert. Der nächste Part-ner war ein Bankkaufmann, den sie im Golfclub kennen gelernt hatte. Die beiden sind seit fünf Jahren verheiratet. Die Ehe ist glück-lich. «Wir sprechen die gleiche Sprache. Heute weiß ich, warum meine Eltern damals so getobt haben. Aber bereut habe ich meinen Ausbruch nicht. Er hat mir gezeigt, worauf ich bei der Partnerwahl achten muss. Nicht nur Gefühle sind wichtig, sondern auch das Umfeld. Obwohl ich Heiner heiß und innig liebte, hatte unsere Be-ziehung von Anfang an keine Chance. Wir sind im Grunde nie ein richtiges Paar gewesen, da wir keine Gemeinsamkeiten pflegen konnten. Wir waren doch immer nur Einzelpersonen.»

Eigenständigkeit

Nina und Heiner waren beide zu eigenständig, es gab zu wenig, was sie verband. Aber auch umgekehrt führt es oft ins Aus. Zu viele Ge-meinsamkeiten und zu wenig Eigenständigkeit können ebenfalls zur Ehefalle werden. Wenn einer der beiden Partner aufhört, sich als eigenständige, selbst denkende, empfindende und handelnde Per-son zu begreifen, droht ernste Gefahr. Gerade Frauen geben sich in einer Beziehung schnell auf, verlieren sich im Leben des anderen und sind irgendwann nicht mehr als Persönlichkeit auszumachen. Der Partner beginnt sich zu langweilen, abzuwenden, und irgend-wann läuft die Beziehung ins Nichts. Roswitha (58), eine unschein-bare Krankenschwester, hatte sich nach ihrer Scheidung in die Ehe mit dem erfolgreichen Anwalt Christian geflüchtet. In ihrer zwei-ten Ehe wollte sie alles richtig machen, und das war in ihren Augen: nur für den Mann da sein. Sie gab ihren Beruf auf und kümmerte sich ausschließlich um den Haushalt. Doch Christian war viel unterwegs. Er hatte nicht nur einen aufwändigen Beruf, sondern auch seine Freizeit nahm ihn in Anspruch. Mehrere Abende in der Woche war er in seinen Vereinen unterwegs. Roswitha saß in dieser Zeit zu Hause und wartete auf ihn. «Unternimm doch mal etwas!», munterte Christian sie immer wieder auf und machte Vorschläge: «Such dir Freundinnen, mit denen du zum Sport gehst oder melde dich in einem Verein an.» Doch Roswitha wollte ohne ihren Mann nichts unternehmen. Sie wartete lieber darauf, dass er zurückkam und ihr etwas erzählte. Es war bequemer, als selbst die Initiative zu ergreifen. Sie lebte lieber ein Leben aus zweiter Hand. Ihr Alltag war ganz nach Christians Bedürfnissen ausgerichtet: Sie war zu Hause, wenn er kam. Nach seinem Terminkalender plante sie ihre Einkäufe und Arztbesuche. Wenn er sie irgendwohin mitnehmen wollte, ging sie mit, egal, wohin. Sie sah ihm von der Tribüne beim Tennisspielen zu, sie wartete im Café, wenn sie ihn auf einer Geschäftsreise begleiten durfte. Sie lebte sein Leben mit, teilte seine Interessen. Sie las die Zeitung, die er abonniert hatte, und sah im Fernsehen die Beiträge, die er ihr in der Zeitung ankreuzte. Seine Freunde waren ihre Freunde. Um eigene bemühte sie sich nicht. Was Roswitha als einfühlsame, gute Ehe empfand, begann Christian zu langweilen. «Ich fühlte mich wie ein Alleinunterhalter. Von ihr kam nichts. Oft ertappte ich mich dabei, wie ich bereute, sie geheiratet zu haben. Ich sehnte mich nach einer Frau, die mir Impulse geben und von der ich auch mal etwas annehmen könnte.»

Die Ehe hielt zehn Jahre. Dann verliebte sich Christian in eine Kollegin. Als Roswitha davon erfuhr, wollte sie die Ehe nicht aufgeben. Sie schwieg, erfüllte weiter ihre Verpflichtungen, kochte sein Lieblingsessen, wusch und bügelte. Auch als schon alle von der Neuen wussten, hielt sie noch beharrlich an dieser Rolle fest, bis er ihr irgendwann die Wahrheit sagte. «Ich gehe!» Sie schüttelte fassungslos den Kopf, meinte: «Das kannst du doch nicht tun. Du kommst doch ohne mich gar nicht zurecht.» Roswitha ist allein zurückgeblieben. Sie hat sich verbittert gegen die Scheidung gewehrt. Auch heute, fünf Jahre später, hat sie es nicht geschafft, auch nur die geringste Eigenständigkeit aufzubauen. Sie lebt ausschließlich von Christians Unterhalt und spult ihren Alltag weiterhin genauso ab, wie sie es an seiner Seite gelernt hat. Christian hat mittlerweile eine Kanzlei in Süddeutschland. Er ist seiner neuen Partnerin gefolgt.

Die Geschichte macht deutlich, wie wichtig es ist, dass jeder neben der gemeinsamen auch seine eigene Welt behält: eigene Hobbys, Interessen, Ziele, Pläne, am besten auch eigenes Geld und einen eigenen Beruf. Eine Beziehung kann nur dann lebendig bleiben, wenn man voneinander lernen, sich Impulse und Anregungen geben kann. Der Partner ist ein Stückchen spannend, wenn er etwas zu erzählen, etwas erlebt hat. Wenn man den Eindruck hat, von ihm lernen zu können, bleibt er attraktiv, und man empfindet es als Gewinn, an seiner Seite zu sein. So bleiben auch langjährige Beziehungen frisch.

Katrin (28), eine gut aussehende Sekretärin, hat immer viele Hobbys gepflegt und sich dadurch einen großen Freundeskreis aufbauen können. Sie ist für ihre gesellige Art bekannt und beliebt. Als sie mit Holger (32), einem ruhigen, in sich gekehrten Architekten, zusammenkam, gab's erst mal Krach. Holger liebte die Häuslichkeit. Er saß gern in seinem kuscheligen Nest und las. Er ging nur ungern aus und wollte schon gar nicht, dass Katrin ohne ihn etwas unternahm. «Sind deine Freundinnen denn wichtiger als ich?», lautete eine seiner subtil gestellten Fragen. Katrin wollte ihr Leben aber nicht für ihn auf den Kopf stellen und versuchte sich seinen Wünschen und Forderungen zu entziehen. Doch wenn sie nach einem Besuch im Fitness-Studio nach Hause kam, erwartete sie jedes Mal eine heftige Szene. «Du interessierst dich nicht für mich» und «Dann bleib doch gleich allein» waren seine ständigen Vorwürfe. Schließlich sagte Katrin immer öfter ihre Verabredungen ab. Doch ihr Verhältnis wurde dadurch nicht besser. Sie saßen zwar jetzt jeden Abend in trauter Zweisamkeit vor dem Fernseher. Doch sie langweilte sich zunehmend. Denn obwohl sie sich gut verstanden, ging ihnen irgendwann der Gesprächsstoff aus. «Es gab ja von außen keine Eindrücke mehr. Alles, was wir erlebt hatten, kannte der andere ja auch. Wir saßen oft schweigend nebeneinander.» Nach der Schweigephase kam die Streitphase. Plötzlich begann Katrin alles an Holger zu stören. «Musst du immer so schlurfig gehen?», hörte sie sich sagen, oder: «Warum stehst du krumm?» Holger konterte ebenfalls mit Vorwürfen. Die ständige Kritik machte beide missmutig und gereizt. Die Einladung einer Freundin, die mit Katrin auf eine Studienfahrt nach Griechenland wollte, brachte das Fass schließlich zum Überlaufen. Katrin war entschlossen, die Einladung anzunehmen. Holger drohte mit Trennung. «Wenn du wiederkommst, bin ich weg!» Katrin fuhr trotzdem. «Ich wäre sonst erstickt», sagt sie.

Als sie zurückkam, war Holger immer noch da. Er gab sich zwar noch ein bisschen grollend, war aber im Grunde froh, sie wiederzuhaben. Katrin sprudelte über von ihren Erlebnissen. Holger hörte aufmerksam zu. Plötzlich hatten sie wieder Gesprächsstoff. Der Abend war unterhaltsam wie lange nicht mehr. Woran das lag, ist klar. Es waren neue Impulse von außen gekommen, die ihr Miteinander wieder spannend gemacht hatten. Kurz darauf bekam Holger von Freunden eine Einladung zu einer Fahrradtour. Auf Katrins Druck fuhr er mit und kam ebenfalls begeistert zurück. Langsam lösten sich daraufhin die verkrusteten Strukturen auf. Katrin nahm wieder ihre Hobbys auf, Holger traf sich mit Freunden. Er akzeptierte, dass sie einander Freiräume geben mussten. «Unsere Beziehung bekam eine ganz andere Qualität», erinnert er sich. Mittlerweile sind die beiden verheiratet und glücklich. Seine Erkenntnis: «Jeder braucht Luft für eigene Dinge. Zwei Abende in der Woche haben wir uns freigegeben, dazu kommt ein Urlaub pro Jahr, den wir allein verbringen. Damit kommen wir prima zurecht. Ich habe begriffen, dass Einengung zu nichts führt.»

«Liebe blüht nur in Freiheit», sagt ein altes Sprichwort. Der Partner, mit dem man sein ganzes Leben teilen will, muss sich auch in der Ehe weiterentwickeln können. Eine Partnerschaft soll nicht ersticken, sondern ein Nährboden sein, auf dem zwei Menschen sich ihren Fähigkeiten und Neigungen entsprechend entfalten können.

Geben und Nehmen

Eine funktionierende Liebe erfordert ein Geben und Nehmen. Doch häufig baut sich vom ersten Tag an kontinuierlich eine Schieflage auf. In den meisten Beziehungen ist einer der Partner der dominantere. Dass absolute Gleichwertigkeit herrscht, ist eher ungewöhnlich. Das kann gut gehen, wenn sich beide in ihren Rollen wohl fühlen. Das «Leittier» gibt die Kommandos, und das «Rudeltier» akzeptiert die Überlegenheit, weil es einsieht, dass es damit gut durchs Leben kommt. Probleme tauchen erst auf, wenn der Dominantere die Spielregeln verletzt, indem er bewusst gegen das Wohlbefinden seines Partners handelt und dieser unter seiner untergeordneten Rolle zu leiden beginnt.

Bei Ulrike (40) und Kai (41) waren die Rollen klar verteilt. Ulrike, eine schöne, intelligente, weit gereiste Frau, war es gewohnt, im Mittelpunkt des Interesses zu stehen. Sie brillierte im Gespräch, hatte perfekte Umgangsformen, eine sympathische Ausstrahlung und ging auf die Menschen zu. Kai, ein EDV-Spezialist, war ruhig und in sich gekehrt. Die Anwesenheit von vielen Menschen machte ihn unsicher. Er saß am liebsten allein in seinem Büro und tüftelte an neuen Programmen.

Das Zusammenleben war von Anfang an vom Gegensatz dieser beiden unterschiedlichen Naturelle geprägt. Die blitzgescheite, gewandte Ulrike war ihrem Mann immer einen Schritt voraus. Wenn er dazu kam, sich mit einem Problem zu beschäftigen, hatte sie es auf ihre gekonnt charmante Art schon gelöst. Das Ergebnis: Kai zog sich aus den Familienfragen zurück. Ulrike übernahm immer mehr Aufgaben. Schließlich organisierte sie alles, er fügte sich freiwillig in ihre Planung. Warum sollte er sich einmischen, wenn sie alles perfekt löste? Er hätte es doch selbst nie besser machen können. Doch irgendwann kippte das erprobte Miteinander. Ulrike, gewohnt, schnell und präzise zu organisieren, begann Kais Arbeitskraft einzuteilen. Wenn das Mineralwasser fehlte, musste er auf ihr Kommando losfahren. Wenn Gäste erwartet wurden, gab sie ihm das Startzeichen, die Gartenstühle hinauszubringen. Sie bestimmte, weil sie es ja besser konnte. Er gehorchte, weil es sich so eingespielt hatte. Doch im Grunde gefiel ihm das nicht mehr. Er schluckte nur so lange, wie sich ihre «Befehle» auf Alltagskleinigkeiten beschränkten. Die Krise begann, als Ulrike auch Entscheidungen wie den Umbau im Haus, die Anschaffung eines Autos und die Buchung einer Ferienreise allein traf. Kai fing an, seine eigenen Vorstellungen zu äußern. Ulrike war so eine «Rebellion» seit Jahren nicht mehr gewöhnt und empfand es als Einmischung. Plötzlich hatte er auch eine Meinung, die berücksichtigt werden sollte. Das war unbequem, lästig. Ulrike hatte doch die Flüge für die Türkeireise schon gebucht. Der Auftrag zum Garagenumbau war auch schon erteilt. Und jetzt kam Kai und wollte alles über den Haufen werfen? Nein! Da spielte sie nicht mit. Sie verwies ihn in seine Schranken und stellte die alten Rollen wieder her. Doch Kai fühlte sich zunehmend fremdbestimmt. Er nahm Ulrike nicht mehr ab, dass sie sein Wohl im Auge hätte, sondern unterstellte ihr Machtstreben. Er begann sich zu wehren, und es kam zu Streitereien, die immer heftiger geführt wurden. Nach drei Jahren Dauerstreit zog Kai schließlich aus. Ulrike blieb geknickt zurück. «Das habe ich nicht gewollt», beteuerte sie. «Ich liebe ihn doch.» Wo lag ihr Fehler?

Sie hätte nur rechtzeitig die Notbremse ziehen müssen. Der Stärkere muss das aufgetretene Ungleichgewicht erkennen und sich zurücknehmen. Ulrike, die Glänzende, hätte sich auf einigen Gebieten, auf denen sie ihrem Mann überlegen war, zurücknehmen und für ihn Platz lassen müssen. Das ist Liebe. Wer nur seine Stärken ausnutzt und den Partner «springen lässt», will besitzen, aber nicht lieben. In einer guten, erfüllten Beziehung haben beide immer das Wohlbefinden des anderen im Auge und setzen sich dafür ein, dass keiner zu kurz kommt.

Nur ein ausgewogenes Verhältnis von Geben und Nehmen schafft emotionale Nähe. Es kann nicht einer nur nachgeben und immer die Wünsche des anderen erfüllen, während dieser gnadenlos seine Interessen lebt. Um zu wissen, was sich der andere wünscht, ist viel Sensibilität nötig. Man muss sich in den Partner hineinversetzen und versuchen, die Probleme aus der Perspektive des anderen zu betrachten. Besonders wenn «er» den ganzen Tag unterwegs ist und «sie» den Haushalt managt, ist es wichtig, sich ab und zu mal die Aufgaben des anderen vorzustellen. Wenn «er» dann abends müde nach Hause kommt und muffelig ist, kann «sie» sein Bedürfnis nach Ruhe besser verstehen. Und «er» kann sich vorstellen, warum sie nach zehn Stunden zwischen Kindern und Küche gern mal in einem schicken Lokal den Alltag vergessen möchte.

Eine Ehe ist dann von Verständnis geprägt, wenn man sich mit dem anderen wirklich auseinander setzt, das heißt auch, dass man akzeptieren muss, wenn der Partner Dinge anders wahrnimmt als man selbst. Der Abend mit den Freundinnen hat ihr Spaß gemacht, ihn aber gelangweilt. Deshalb war er einsilbig, was sie natürlich gestört hat. Doch ist sie bei seiner Mutter nicht auch immer einsilbig, weil ihr deren hochnäsige Art auf die Nerven geht? Stimmt! Ein Rollentausch klärt vieles ab, schafft Verständnis. Man geht aufeinander zu und nimmt nicht mehr so viel übel. Paare, die diesen gedanklichen Rollentausch schaffen, haben beste Voraussetzungen, miteinander alt zu werden.

Tina war immer unzufrieden, weil Bernd nach der Arbeit nicht direkt nach Hause kam, sondern erst noch ein Bier trinken ging. «Ich muss abschalten» war seine Argumentation. «Du bist doch schon den ganzen Tag über unterwegs. Dann kannst du die wenigen freien Stunden am Abend auch bei mir und den Kindern sein», konterte sie. Der Frust verschärfte sich von Woche zu Woche. Schließlich schlugen die Aggressionen Purzelbaum. «Dann verschwinde doch ganz!», schrie Tina. Bernd schnappte nur seine Jacke und ging. An diesem Abend kam er erst spät in der Nacht nach Hause. Die folgenden Wochen blieb er abends besonders lange in seinem Stammlokal. Die Stimmung war mies. Eines Tages musste Tina für eine Freundin in einem Aushilfsjob einspringen. «Ich sollte Kinder in einem Kaufhaus schminken. Ich sagte spontan zu. Immerhin konnte ich das Geld gut gebrauchen. Ruck, zuck war ich angelernt und freute mich auf die Arbeit. Ich hatte ja seit der Geburt des Ältesten vor sieben Jahren nicht mehr gearbeitet.» Der Job machte ihr tatsächlich viel Spaß, aber sie war abends komplett erledigt. «Mein Kopf drehte sich. Ich war gar nicht in der Lage, aus dem

Geschäft heraus direkt nach Hause zu gehen. Also bin ich erst eine halbe Stunde durch die Stadt gebummelt, habe mir ein Eis gekauft und mich beim Schaufenstergucken entspannt. Dabei fiel bei mir der Groschen. Plötzlich begriff ich, wie sich Bernd immer fühlen musste, und ich nahm mir fest vor, abends kein Theater mehr zu machen, wenn er sich mit einem Freund noch ein Bierchen gegönnt hatte. Wir haben uns ausgesprochen. Danach war alles wieder okay.»

Tina hat am eigenen Leib erfahren, wie Bernds Alltag aussieht. Aber normalerweise reicht schon das Vorstellungsvermögen. Besser geht's, wenn man sich vom Partner viel aus dessen Alltag erzählen lässt und ruhig gezielte Fragen stellt. «Was hat dich denn heute besonders aufgeregt?» Oder: «Welche Reaktionen deiner Kollegen stressen dich?» Man wird den Partner bald viel besser verstehen lernen und auch erfahren, welche Dinge ihn besonders belasten. Manche Menschen empfinden zum Beispiel ständige Gespräche am Arbeitsplatz als positiven Stress, andere reagieren darauf genervt und werden angespannt. Um herauszufinden, wie der Partner sich fühlt, ist es das Beste, viel miteinander zu reden und sich auszutauschen. Dann lässt sich gegebenenfalls auch ein Kompromiss abringen.

Fairness

Fair geführte Verhandlungen sind eine gute Basis für die Ehe. Wenn man nicht von vornherein einer Meinung ist, muss man sich um einen möglichst großen gemeinsamen Nenner bemühen. Das erfordert oft lange Gespräche, an deren Ende ein Kompromiss steht.

In den letzten Jahren sind immer mehr Konventionen aufgehoben worden. Jeder darf im Grunde alles. Während früher strenge gesellschaftliche Normen das Miteinander, auch in den Familien, regelten, kann heute jeder nach «seiner Fasson» glücklich werden. Doch diese Freiheit beinhaltet auch Unsicherheiten. Um mit einem anderen Menschen zusammenzuleben, braucht man selbst gesetzte Regeln, wenn die äußeren schon nicht mehr zählen. Viele Lebensfragen sind offen, müssen diskutiert und entschieden werden. Wollen wir kirchlich heiraten oder nur standesamtlich? Wollen wir ein Kind? Soll es später getauft werden? Möchten wir zur Miete wohnen und unser Geld für Reisen ausgeben? Wollen wir ein Haus kaufen und es uns vom Alltag absparen, oder wollen wir uns lieber schick kleiden und ein nobles Auto fahren?

Solche Fragen kommen vor bzw. in jeder Ehe irgendwann auf. Daher ist es sinnvoll, sich rechtzeitig über seine Lebensvorstellungen abzustimmen, wenn nicht später die Ernüchterung drohen soll. Wenn hier die Meinungen zu weit auseinander gehen, muss bei diesen Absprachen zäh gerungen werden. Gutes und faires Verhandeln ist somit die ideale Voraussetzung für eine gelungene Ehe.

Die Ehepartner Katja (28) und Dieter (34) gingen bei jeder Meinungsverschiedenheit sofort aufeinander los. Oft drehte es sich um die Kindererziehung. Katja, die die neunjährigen Zwillinge rund um die Uhr betreute, wollte sie strenger erziehen. Dieter hatte als Feierabendpapa dagegen bessere Nerven und ließ ihnen öfter etwas durchgehen. Konflikte waren programmiert. Abends saßen sie dann zusammen und versuchten eine einheitliche Erziehungslinie herauszuarbeiten. Doch in der Regel endete das Gespräch in sinnlosem Gebrüll. «Das machst du nur, um dich bei den Kindern einzuschleimen. Mich lässt du damit wie immer im Stich», giftete sie gern los. Er schlug sofort unter die Gürtellinie zurück. «Da sieht man es doch wieder. Du bist zu einem Gespräch gar nicht in der Lage, sondern schreist mich nur nieder. Bei der Mutter ist es doch kein Wunder, dass die Kinder so aufgekratzt sind.»

Bei so verletzenden Unterstellungen ist keine gemeinsame Basis mehr auszubauen. Es knallen die Türen, und beide legen sich maulend in ihre Betten. Versöhnung ade. Aber auch ein Erfahrungsaustausch hat nicht stattfinden können. Da keine Ergebnisse erzielt wurden, ist es also nur eine Frage der Zeit, wann das Ganze wieder von vorn losgeht. Zwei Jahre hielten Katja und Dieter diesen unerträglichen Zustand aus. Sie stritten sich immer wieder über das gleiche Thema. Als sie bereits an Trennung dachten, las Katja in der Zeitung von einem Kommunikationsseminar und überredete Dieter, mit ihr hinzugehen. Zwei Tage reichten, um beiden zu zeigen, worauf sie im Gespräch achten müssen. «Es gilt immer, Kompromisse zu schließen oder neue Lösungen zu finden. Dazu muss man verhandeln können, das heißt im fairen Stil seine Interessen verteidigen, aber auch versuchen, den Bedürfnissen des anderen gerecht zu werden», berichtet Katja. «Festigkeit ohne Sturheit, Beweglichkeit in der Lösungsfindung ohne Standpunktlosigkeit.» Und tatsächlich haben es beide geschafft, diese Hinweise auch umzusetzen. Die Kindererziehung läuft jetzt prima. Sie sind zwar nach wie vor oft unterschiedlicher Meinung, schaffen es aber immer schnell, eine Lösung zu finden. Gemeinsame Stressbewältigung braucht die Fähigkeit, fair verhandeln zu können.

Zusammenhalt

Ein weiteres wichtiges Kennzeichen einer intakten Ehe ist die Fähigkeit zu kooperieren. Wenn man es schafft, Stresssituationen gemeinsam zu bewältigen, ist das eine gute Basis für ein glückliches Miteinander. Krach und Auseinandersetzungen gibt es in jeder Ehe. Das braucht nicht zu verunsichern. Wichtig ist allerdings, wie man streitet. Wenn man keine einheitlichen Richtlinien hat, wird aus jeder Kleinigkeit eine Beinahekatastrophe. Paare, die eine gemeinsame Streitkultur entwickeln, können jedes Problem meistern. Und Krisen gemeinsam bewältigt zu haben stärkt das Zusammengehörigkeitsgefühl ungemein. «Gemeinsam sind wir stark» oder «Wir sind ein unschlagbares Team»: Paare, die so etwas von sich sagen können, verstehen sich als Einheit, und als solche können sie sich gegen die manchmal böse Welt da draußen besser zur Wehr setzen. Allein scheitert man leichter, aber zu zweit wird jede Krise zum Kinderspiel. So entstehen Nähe, Sicherheit und Geborgenheit: die wichtigsten Voraussetzungen für eine intakte Partnerschaft.

Andrea (42) hatte sich gerade mit einem Wäschegeschäft selbständig gemacht, als ihre Mutter ernsthaft erkrankte. Kurz darauf bekam ihre älteste Tochter Probleme in der Schule, und dann ging auch noch ihr Auto zu Bruch. Eines Abends saß sie heulend auf dem Sofa. Sie wusste nicht mehr weiter. Ludger (52), ein Außendienstmitarbeiter, erkannte die Not seiner Frau, nahm sich sofort Urlaub und sagte sämtliche privaten Verpflichtungen ab. Er wusste, wie wichtig Andrea das gerade eröffnete Geschäft war, und wollte ihr den Rücken freihalten. Wie selbstverständlich fuhr er die Kinder in die Schule, betreute die kranke Mutter und erledigte nach Feierabend im Geschäft seiner Frau die Buchführung. Andrea war glücklich: «Ich war ihm unendlich dankbar. Bis dahin hatten wir noch keine ernsthaften Belastungen in unserer Ehe gehabt. Es war eigentlich das erste Mal, dass innerhalb weniger Tage alles durcheinander gewirbelt wurde. Dass Ludger so fest zu mir hielt, hat mich in meiner Liebe zu ihm ungeheuer bestätigt. Ich weiß jetzt, dass ich mich auf ihn verlassen kann. Er ist mein Mann, der immer zu mir steht. Ein schönes Gefühl.»

Fühlt sich einer der Partner dagegen in einer Krise allein gelassen, kann die Enttäuschung zur Riesenbelastung für das Zusammenleben werden. Karin (34) war eine aktive, leistungsstarke Frau. Sie schaffte es scheinbar spielend, Job, Kind und Haushalt unter einen Hut zu bringen. Immer perfekt gestylt, verwöhnte sie auch ihren Mann Fred (41), wo immer es sich anbot. Als sie zum zweiten Mal schwanger wurde, stand für sie fest: Auch das schaffe ich noch – natürlich nebenbei.

Doch es kam alles ganz anders: Die Schwangerschaft verlief sehr kompliziert. Karin musste die meiste Zeit liegen, und mit ihrem Ausfall brach alles zusammen. Glücklicherweise sprang ihre Mutter im Haushalt ein und kümmerte sich um die siebenjährige Tochter. Fred, der als Verwaltungsangestellter feste Arbeitszeiten hatte, sah die Probleme seiner Frau nicht. Für ihn war ja alles geregelt. Er ging weiter nach der Arbeit zum Sport, traf sich mit seinen Freunden und sah stundenlang fern. Als er dann noch die seit Jahren stattfindende Herbstwanderung mit seinen Freunden antrat, war Karin über alle Maßen enttäuscht. «Ich lag immer nur zu Hause, konnte nichts unternehmen und war sehr depressiv. Ich hätte mich gefreut, wenn er mehr Zeit mit mir verbracht hätte. Gut, ich konnte mich nicht viel bewegen, hätte höchstens mal mit ihm spazieren fahren können. Aber wir hätten uns unterhalten oder gemeinsame

Freunde einladen können. Stattdessen zog er mit seinen Freunden los und ließ mich zu Hause sitzen. Das habe ich ihm sehr übel genommen.»

Karin hat nie mit Fred über ihre Enttäuschung gesprochen. Aber die Ehe hat seitdem einen tiefen Knacks. «Ich weiß, dass er eben nicht für mich da ist, wenn ich ihn brauche. Das hat er mir in dieser schwierigen Phase gezeigt. Ich fühle mich seitdem innerlich ein Stück weit allein. Irgendwann werde ich gehen.»

Es ist also wichtig, die Ehe als Team zu begreifen. Dadurch erst kann sich die Bindung zwischen den Partnern vertiefen.

Gemeinsame Ziele

Wer jahrzehntelang mit einem Menschen durchs Leben gehen will, muss auch wissen, wohin. Das heißt, man sollte gemeinsame Ziele haben. Für viele Paare bedeutet das anfangs schlicht: Kinder in die Welt setzen und großziehen. Das ist bestimmt ein erfüllendes Ziel. Doch was ist, wenn die Kinder größer werden und schließlich aus dem Haus gehen? Dann kommt für viele das große Nichts. Die Männer stürzen sich noch mehr in die Arbeit. Die Frauen suchen nach einem Wiedereinstieg. Klappt das nicht auf Anhieb, drohen Depressionen, innere Leere und schließlich die tiefe, oft endgültige Ehekrise. Immer mehr Paare reichen nach der Silberhochzeit die Scheidung ein, weil sie verlernt haben, miteinander etwas anfangen zu können. Deshalb bleiben vorwiegend die Paare zusammen, die schon früh ihre gemeinsame Zukunft geplant haben. Sie können auch ohne Kinder ein erfülltes, interessantes Leben miteinander führen. Man kann sich gemeinsame Hobbys suchen, ein ehrenamtliches Engagement in der Kirche oder im Verein aufbauen, sich politisch engagieren oder zusammen reisen. Was man macht, ist gleichgültig. Wichtig ist nur, dass beide es gerne machen. Auch eine Langzeitperspektive ist wichtig. Im Alter wollen beide die Welt ansehen, in den Süden ziehen, viel mit den Kindern unternehmen oder endlich ihren Schrebergarten perfekt pflegen. Man muss im Alltagstrubel etwas ansteuern, auf das man sich freuen kann. Gemeinsame Ziele und Wünsche binden dabei und zeigen, dass man an einem Strang zieht.

Kerstin (59) und Achim (62) haben ihr Leben lang von einem eigenen Segelboot geträumt. Schon als die Kinder klein waren, haben sie keine Bootsmesse ausgelassen, um sich über die Angebote und Preise zu informieren. In der Regel stapelten sich die Hochglanzprospekte. Dabei blieb es. Ein Kauf war finanziell nie drin. Andere Sachen gingen vor: das Reihenhäuschen, die Kinder, später deren kostspielige Ausbildung. Dann wurde Achim arbeitslos. Die letzten Ersparnisse wurden aufgebraucht. Kerstin suchte sich einen Job im Supermarkt. Achim machte sich daraufhin mit einer Vertretung selbständig, was anfangs schief ging. Erst beim zweiten Anlauf konnte er sich eine Existenz aufbauen. Das Leben hielt also eine Menge Turbulenzen für sie bereit. Doch ihr Ziel verloren sie nie aus den Augen. Kerstin: «Wir haben viele, viele Jahre immer wieder darüber gesprochen, uns immer aufs Neue informiert. Unsere Freunde hatten längst kein Verständnis mehr dafür. Mit keinem konnten wir mehr darüber sprechen. Aber uns hat der Traum verbunden, zusammengehalten, und wir haben es auch geschafft. Als wir unsere Lebensversicherung ausbezahlt bekamen, sind wir sofort los und haben uns das Boot gekauft. Als wir dann das erste Mal ausgelaufen sind, haben wir uns in den Armen gelegen und vor Glück geheult.»

Gemeinsame Ziele verbinden in der Tiefe, inspirieren bis ins hohe Alter und zeigen: Wir sind ein Paar.

Das waren sieben Kriterien, die eine gute Ehe ausmachen. Doch in wie vielen bestehenden Ehen werden diese Voraussetzungen auch erfüllt? Nach einer Studie der Kölner Universität bezeichneten sich gerade mal acht Prozent der Ehepaare als «rundum glücklich». Über 30 Prozent der fünf Jahre und länger verheirateten Ehepaare beklagten sich dagegen über Langeweile und Routine im Alltag, 38 Prozent über die Lieblosigkeit des Partners und 29 Prozent über das Gefühl, nicht genug geachtet zu werden. Das heißt, in einem Großteil der deutschen Ehen herrscht mächtiger Frust. Doch nicht nur das. Die folgenden Zahlen lassen den Eindruck entstehen, dass unsere Ehen zu Kriegsschauplätzen geworden sind. 16 Prozent der Frauen wurden geschlagen, 45 Prozent betrogen, 18 Prozent fühlten sich unterdrückt. Es wird getrickst, gelogen, betrogen. Wer das 50 Jahre lang durchhält, muss über ein schier unmenschliches Reservoir an Energie und Kraft, Geduld und Leidensfähigkeit verfügen. Um dem Horror wenigstens zeitweise zu entgehen, stürzen sich Männer in der Regel in die Arbeit oder ins Vereinsleben. Frauen haben dazu oft keine Möglichkeit. Entweder sie arbeiten erst gar nicht, oder sie haben keine ausreichend erfüllende Tätigkeit. Was bleibt, ist das «Ausjammern» bei der Freundin. Doch vielen reicht das nicht mehr. Sie haben zu viel geschluckt, zu viel gelitten und sind darüber krank geworden. Der deutlich größere Teil der Patienten in deutschen Wartezimmern ist weiblich, und bei vielen steckt hinter dem Gang zum Arzt der Aufschrei einer verletzten Seele.

Ständig krank – was steckt dahinter?

«Sie sind kerngesund. Ich kann bei Ihnen keine Krankheit feststellen.» Über diese Nachricht würde sich normalerweise jeder freuen. Doch Ute G. (42) war damit gar nicht geholfen. Denn sie hatte nun mal ständig Unterleibsschmerzen, und ihre andauernden Beschwerden beim Atmen waren real. Wieder einmal von einem Arzt enttäuscht, suchte sie sich einen neuen Fachmann. Mittlerweile dauerte ihre Odyssee durch die Sprechzimmer der Mediziner schon drei Jahre.

Etwa drei Millionen Frauen sind wie Ute Patientinnen mit einem «Krankheitsbild ohne Befund», Tendenz steigend. Die medizinische Fachbezeichnung dafür lautet «somatoforme Störungen». Der Begriff bedeutet: «Leiden, die wie eine Organerkrankung aussehen» – aber keine sind. Geläufiger ist die Bezeichnung «psychosomatische Beschwerden».

Nach einer Studie des Wissenschaftlichen Instituts der AOK sind 74 Prozent aller Beschwerden, derentwegen ein Patient ärztliche Hilfe sucht, psychosomatischer Natur. Nach statistischen Angaben brauchen die Betroffenen im Schnitt sechs Jahre, bis sie an einen Fachmann geraten, der ihre Not erkennt, sich Zeit nimmt und schließlich helfen kann.

Allerdings hat sich in den letzten zwanzig Jahren sowohl bei den Medizinern als auch bei den Patienten ein Bewusstseinswandel vollzogen. Es gibt mittlerweile Fachärzte für psychotherapeutische Medizin, und viele Ärzte haben Zusatzausbildungen absolviert, um mit den diffusen Beschwerden konkreter umgehen zu können. Die Patienten sind zunehmend bereit, sich gezielt hinter die Fassade ihrer Krankheit schauen zu lassen.

Als Ute G. einen Mediziner fand, der sie nach einer eingehenden Untersuchung nicht einfach fortschickte, sondern sie bat, ihm gegenüber am Schreibtisch Platz zu nehmen, war sie erst überrascht. Die Frage «Sind Sie eigentlich mit Ihrem Leben zufrieden?» traf sofort den Kern. Ute erzählte, dass sie des Hausfrauendaseins überdrüssig sei und sich nach einer neuen Aufgabe sehne. Der Sohn stecke in der Pubertät und brauche sie nur noch für die Bequemlichkeit. Ihr Mann, ein Fernfahrer, sei sowieso nie da und an den Wochenenden, der einzigen Zeit, in der sie etwas gemeinsam unternehmen könnten, gehe er mit seinen Freunden zum Fußball oder ziehe sich in den Hobbykeller zurück. Sie selbst träume davon, noch etwas zu erleben. Sie wünsche sich, öfter auszugehen, sich mehr als Frau zu fühlen und von ihrem Mann Anerkennung zu bekommen. Doch das Gegenteil sei der Fall. Eine neue Frisur würde er entweder gar nicht oder höchstens mit dem Hinweis auf die viel zu hohen Friseurkosten kommentieren. Sexuell finde sie längst keine Erfüllung mehr. Ihr Mann sei lieblos und wenig einfühlsam. «Er lädt nur ab, befriedigt sich an mir wie an einer Puppe», gestand sie schließlich offen. Deshalb halte sie die körperliche Liebe mit ihm eigentlich nur noch durch, um ihn nicht an eine andere zu verlieren. Er habe nie gefragt, was ihr gefalle, sich nie Mühe gegeben, auf ihre Bedürfnisse einzugehen. Wenn «er fertig ist, dreht er sich um und schnarcht».

Utes Unterleibsprobleme entpuppten sich schlichtweg als ungelöstes Eheproblem. Sie war an der Seite ihres Mannes erst unglücklich, dann krank geworden. Wie Ute geht es Millionen Frauen. Doch die meisten ahnen nicht einmal etwas davon, dass die Ursache ihrer Krankheit innerhalb der Partnerschaft und Ehe zu suchen ist. Statt Tabletten zu schlucken und Symptome zu behandeln, sollte man daher zunächst herausfinden, was alles zu Krankheiten führen kann.

Auslöser sind oft seelische Belastungen. Probleme, Stress, Ängste quälen den Menschen. Die Seele sucht ein Ventil und lässt den Körper krank werden. Am häufigsten leiden «Ohne Befund»-Patienten an Magen-Darm-Störungen, Atembeschwerden, Kopfschmerzen, Muskel- und Herzschmerzen, Herzrasen und ständiger Erschöpfung. Ärzte wimmeln solche Patienten schnell ab, weil ihnen die

Zeit fehlt, auf die Hintergründe ihres Leidens einzugehen. Dazu wäre ein längeres Gespräch erforderlich, in dem der Patient Vertrauen fasst und wirklich offen über seine jeweilige Lebenssituation spricht. Im Alltag einer gut besuchten Praxis bleibt dafür jedoch kein Raum, und vielen Medizinern fehlt auch eine entsprechende Ausbildung. Sie stellen ein Rezept aus, die Beschwerden verschwinden, und fürs Erste ist ihr Auftrag erfüllt. Doch wer sich damit zufrieden gibt, geht das Risiko ein, ernsthaft und dauerhaft zu erkranken. Psychosomatische Beschwerden sind «Warnschüsse». Wer sie überhört, wird irgendwann auch organisch krank.

«Ich habe alles immer so ernst genommen», sagt Sandra (56), eine sympathische Verkäuferin. Dabei hatte sie eine sorglose, behütete Kindheit. Die Eltern besaßen einen kleinen Lebensmittelladen in einem hessischen Dorf. Sandra war ein Einzelkind. Sie liebte die Musik und bekam früh Geigenunterricht. Sie war ein sensibles, feingliedriges Mädchen, das keine lauten Töne vertrug. «Meine Eltern waren beide besonnene, ausgeglichene Menschen. Ihre Ehe war glücklich. Ich glaube, sie liebten sich bis zum letzten Tag. Wenn sie abends ins Bett gingen, schliefen sie Händchen haltend ein.»

So stellte sich Sandra eine Ehe vor. Ein anderes Bild hatte sie gar nicht im Auge. Glück, Harmonie, Verständnis, Wohlwollen – all das sollte ihr eine Partnerschaft bringen. Als sie Norbert, einen vier Jahre älteren Bankangestellten aus der Nachbargemeinde, kennen lernte, war sie überzeugt, mit diesem Mann ihr Leben teilen zu wollen. Ihr gefiel seine ausgeglichene, überlegene Art. Ein bisschen erinnerte er sie an ihren Vater.

Sandra war Anfang zwanzig, als sie heiratete und eine Tochter bekam. Den Beruf als Verwaltungsangestellte gab sie sofort auf. Sie hatte sowieso nie gern gearbeitet. Die Ausbildung hatte sie nur auf Wunsch ihrer Eltern absolviert. Mit der Tochter und dem wenig später geborenen Sohn verlief ihr Leben in geregelten Bahnen. Sie war glücklich. «Mir fehlte nichts. Ich fühlte mich wohl. Im Nachhinein denke ich, dass ich von einem behüteten Elternhaus in eine behütete Ehe gerutscht bin. Ich tat, was mein Mann mir sagte, aus, basta! Widerworte, eine eigene Meinung haben und vielleicht auch noch äußern, das kannte ich gar nicht. Norbert teilte mir mein Haushaltsgeld zu, entschied, dass wir uns ein Haus bauten und wo die Schrankwand stehen sollte. Kurzum, er sagte, wie ich zu leben hatte.» Sandra rüttelte nicht an seinen Vorstellungen. Sie kümmerte sich um die Kinder, kontrollierte die Schularbeiten, pflegte den Garten. Ab und zu, wenn es die Zeit erlaubte, spielte sie etwas auf ihrer Geige. Zwanzig Jahre lebte sie das beschauliche Leben einer Ehefrau auf dem Land. Freundinnen hatte sie nicht, am Vereinsleben nahm sie nicht teil, und wenn jemand sie bat, doch mal zum Frauensingen mitzukommen, sagte sie nur leise: «Norbert will das nicht!»

Widerstand gegen diese aufgezwungene Lebensweise kam in ihr nicht auf. Erst als die Kinder aus dem Haus waren, begann sie sich einsam zu fühlen. Plötzlich sah sie andere Paare beim gemeinsamen Fahrradfahren, Spazierengehen, Einkaufen, und ihr fiel schmerzlich auf, dass sie immer allein war. Norbert ging seine eigenen Wege. Er hatte sich in der Kommunalpolitik engagiert, sich bis zum Kreistagsabgeordneten hochgearbeitet, war Vorsitzender im Schützenverein und Mitarbeiter im Ortsausschuss. Selten kam er vor Mitternacht nach Hause. Da er mit seinen diversen Organisationen viele Reisen unternahm, mochte er privat nicht auch noch wegfahren. Sandra war deshalb nie im Urlaub gewesen. Als sie sich einmal gewünscht hatte, in die Berge zu fahren, war Norberts Antwort nur gewesen: «Zu teuer!» Damit war für Sandra das Thema erledigt. Doch irgendwann begann Sandra sich mehr und mehr zu langweilen und einsam zu fühlen. Sie bat Norbert, sie zu seinen Veranstaltungen mitzunehmen. Doch er redete sich heraus. «Das passt nicht gut. Du würdest dich nicht wohl fühlen.» Ihre Kinder hatten auch kein Interesse mehr, etwas mit ihr zu unternehmen. «Ich war allen zu fad geworden. Allmählich dämmerte es mir. Es war, als ob ich aus einem Traum erwacht wäre. 25 Jahre lang hatte ich nur für meine Familie gelebt und mich selbst nicht weiterentwickelt. Norbert war zu einem selbstsicher auftretenden, vielseitigen Mann, meine Kinder flotte junge Leute geworden. Nur ich war stehen geblieben. Nach 25 Jahren ‹Hausarrest› war ich unsicher, langweilig, alt und reizlos geworden. Was hatte ich denn für Interessen? Wo konnte ich hingehen? Wem könnte ich schon etwas erzählen? Auf all diese Fragen fand ich keine Antworten. Ich wurde immer unzufriedener und igelte mich zu Hause ein. Ich wusste aus meiner Misere keinen Ausweg und fraß meine Sorgen in mich hinein. Mein Körper reagierte entsprechend auf diese Krise, er wies mir den Weg. Doch vorher musste ich noch schmerzhaft meine Lektion lernen. Die Lösung aus meiner Lebenskrise kam nämlich mit einer schlimmen Diagnose: Darmkrebs! Nach der regelmäßigen Vorsorgeuntersuchung hatte man mich zur Darmspiegelung geschickt. Bei der Besprechung sagte mir der Arzt schonungslos die Wahrheit. Da ich gelernt hatte, meine Probleme mit mir selber abzumachen, erzählte ich meiner Familie nicht die ganze Wahrheit. Die Operation konnte ich allerdings nicht verschweigen. Beim Abendessen sagte ich meinem Mann, dass ich in die Klinik müsste. ‹Ach, du hast was am Darm? Wann musst du denn ins Krankenhaus? Das passt ja gut. Da bin ich sowieso auf einer Tagung in Berlin!› war sein ganzer Kommentar. Solche Lieblosigkeit hätte mir noch ein paar Jahre früher das Herz zerschnitten. Aber mittlerweile war ich innerlich so abgestumpft, dass ich gar nicht mehr richtig wahrnahm, wie übel mir mitgespielt wurde.»

Wie eine Marionette ging Sandra ins Krankenhaus. Norbert fuhr zeitgleich nach Berlin. Die Operation verlief glänzend, da der Krebs im Frühstadium entdeckt worden war. Als Norbert seine Frau nach zwei Wochen aus dem Krankenhaus abholte, ging es ihr prächtig. «Auch innerlich», erzählt Sandra. «Denn die zwei Wochen im Krankenhaus hatten eine innere Wende in mir eingeleitet. Maßgeblich daran beteiligt war eine Bettnachbarin, mit der ich intensive Gespräche geführt hatte. Sie hatte immer wieder an mich appelliert, dass ich so nicht weiterleben könne und dass ich meinen Krebs meiner quälenden, langweiligen Ehe verdanke. Ich war wach geworden.

Zu Hause kaufte ich mir sofort Bücher über Krebs und die Ursachen. Dann fuhr ich zu einer Nachsorgekur und schloss mich einer Therapiegruppe an. Am schönsten waren für mich die Gespräche mit den anderen Betroffenen. Ich lernte Frauen kennen, die knapp der Katastrophe entkommen waren und die es geschafft hatten, aus der Krankheit neue Kraft zu gewinnen. Bei fast allen waren die Ehen unglücklich, nur bei wenigen war das Elternhaus die Ursache. Ich lernte aber auch, dass jeder selbst dafür verantwortlich ist, wie er seine Lebensumstände gestaltet. Heute weiß ich: Unser Verhalten bestimmt unser Leben! Natürlich kann ich nicht alles vorherbestimmen. Aber es liegt an mir, ob ich eine Krankheit als Schicksalsschlag empfinde, der mich aus der Bahn wirft, oder ob ich darin die Chance für einen Neubeginn sehe. Ich habe in mich hineingehorcht und mich gefragt, was ich wirklich will. Ich habe die Krankheit als Zeichen verstanden, auch wenn sie schmerzhaft belastend, beängstigend war. Sie sollte mir zeigen, dass ich einen anderen Weg gehen musste. Wenn man in einem tiefen Loch steckt, braucht man Abstand, um zu erkennen, was sinnvoll ist. Alles im Leben dient dazu, uns voranzubringen, selbst eine Krankheit. Mein Krebs hat mir den Weg aus dem Tief gewiesen und mir gezeigt, dass ich mein Leben ändern muss.»

Wieder zu Hause, hat sich Sandra um eine Umschulung zur Kauffrau bemüht. Sie wollte auf eigenen Beinen stehen. Außerdem hat sie sich einem Frauenclub angeschlossen, um in der Gruppe etwas unternehmen zu können. Norbert hat beides sofort torpediert. Die beiden bekamen immer häufiger Streit. Doch Sandra ließ sich nicht mehr in ihre alte Rolle zurückschubsen. Sie wollte ihr mühsam antrainiertes Selbstbewusstsein nicht mehr aufgeben, sondern verfestigen. Sie kleidete sich schicker, ging öfter aus dem Haus und fing an, Sport zu treiben. So unter Menschen erfuhr sie auch, dass ihr Mann schon seit Jahren eine Geliebte hatte, eine ebenfalls verheiratete Parteifreundin. Das war für Sandra das Aus. Sie packte ihre Koffer und nahm sich eine eigene Wohnung. «Norbert brauchte mich nur noch, um nach außen den Schein zu wahren, zumal seine Freundin ja nicht frei war. Ich war tief gekränkt, aber auch enttäuscht, dass ich so dumm war und das mit mir habe machen lassen. Als ich ging, war ich traurig, aber unendlich erleichtert!»

Sandra arbeitet heute in der Schulbibliothek. Mit ihrem Frauenclub reist sie viel. Neuerdings hat sie wieder einen Partner. «Wir lieben uns, aber nur auf Distanz. Ich möchte nicht mehr eine enge Beziehung in einer gemeinsamen Wohnung. Ich war dreißig Jahre lang eingesperrt und abhängig. Das passiert mir nicht nochmal. Ich habe eine zweite Lebenschance bekommen und sie genutzt. Das macht mir keiner mehr kaputt.»

Wie Krankheiten entstehen

Sandra ist krank geworden, weil sie nicht auf ihre Seele gehört hat. Sie lebte jahrelang unter dem Druck ihres Mannes. Sie wollte seine Wünsche und Vorstellungen erfüllen und hat dabei ihre eigenen nicht wahrgenommen. Dabei baute sich eine Spannung auf, die immer stärker wurde. Wird der Druck zu groß, können Beschwerden und Krankheiten die Folge sein.

Man kann sich das bildlich vorstellen. Jemand stützt sich mit den Ellbogen auf einer Glasplatte ab. Anfangs hält die Platte den Druck noch aus. Doch wenn er fester drückt, gibt sie nach, verbiegt sich und zerspringt irgendwann. So geht es dem Menschen auch. Wenn er unter Druck gerät, gibt es zwei Möglichkeiten:

a) Der Druck verbleibt im Körper und löst Beschwerden aus, die häufig nicht als organische Krankheit erfassbar sind, zum Beispiel Schmerzen, Ziehen, Reißen.

b) Der Druck verschafft sich Erleichterung, indem er sich als konkrete Krankheit äußert, z. B. als eine Herzattacke, ein Magengeschwür oder Durchfall.

Viele Symptome sind also «Ausdruck von innerem Druck», ausgelöst durch Spannung oder aufgestaute Energie.

Die Spannung im Körper

Ganz einfach, der Mensch ist spannungsfrei, wenn er mit sich im Reinen ist, das heißt, wenn er von etwas überzeugt ist und dementsprechend handelt. Man fühlt sich wohl, wenn man den Job, den man sich schon lange gewünscht hat, endlich bekommt. Man ist zufrieden, wenn man am gewünschten Urlaubsziel angekommen ist und alle Erwartungen erfüllt sind. In solchen Lebenssituationen kommt keine innere Spannung auf. Alles ist harmonisch. Das Erlebte deckt sich mit den Vorstellungen. Alles ist so, wie wir es uns wünschen. Ideal!

Spannung entsteht dann, wenn man unentschlossen zwischen einer oder mehreren denkbaren Möglichkeiten schwankt. Stellen Sie sich vor, Sie haben zwei Job-Angebote und wissen nicht, für welches Sie sich entscheiden sollen. Sie möchten gern nach Hamburg, weil da Ihre Freunde wohnen, andererseits sind in Hannover Ihre Karrierechancen besser. Sie sind unentschlossen, wissen nicht, wie Sie sich entscheiden sollen. Die Folgen kennt jeder: Konzentrationsschwäche, Schlaflosigkeit, Nervosität.

Oder anders ausgedrückt: Der Mensch fühlt sich gestört, weil zwei verschiedene Programme in ihm aktiviert sind. Der Wunsch nach einem abwechslungsreichen Freizeitleben und das Streben nach einer ausbaufähigen Position. Er gerät in einen inneren Konflikt und damit in Spannung.

Das lässt sich schon an einfachen Alltagssituationen vorführen. Man steht z. B. angezogen in der Tür und möchte zu einer Verabredung. Die Zeit ist knapp. In dem Moment, in dem man das Haus verlassen will, steht eine Nachbarin vor der Tür und verwickelt einen in ein Gespräch. Auf der einen Seite möchte man das Gespräch gern fortführen und weiß nicht, wie man es beenden soll, ohne die Dame zu verletzen. Auf der anderen Seite wartet die Person, mit der man verabredet ist, und man ist sowieso schon zu spät. Man gerät in Spannung, denn wieder sind zwei verschiedene Programme aktiviert. Das eine drängt, dass man sofort losgehen muss, um halbwegs pünktlich anzukommen, das andere sagt, dass man die nette Nachbarin wirklich nicht so abfertigen kann.

Was passiert nun mit dieser Spannung, die jeder täglich erlebt? Die Auswirkungen sind individuell verschieden. Einer wird innerlich unruhig, der andere bekommt Magenschmerzen. Doch bei solchen Lappalien geht der innere Konflikt schnell wieder vorbei, ohne dass man krank wird.

Anders ist es bei größeren Entscheidungen. Soll ich mich scheiden lassen? Da sind die Kinder, denen ich eine intakte Familie erhalten möchte. Da ist aber auch meine starke innere Unzufriedenheit, mein seelisches Leid im Zusammensein mit meinem Partner. Das erste Programm sagt: «Halte durch! Die Kinder sollen ihren häuslichen Rahmen behalten.» Das andere Programm sagt: «Lauf weg! Wirf alles hin! Sonst wird alles nur noch schlimmer!»

Häufig sind Herzprobleme, Migräneattacken, Schweißausbrüche, Schwindelanfälle, Verstopfung und Magenbeschwerden die Folge. Symptome, die Jahre anhalten können und die Betroffenen angreifbar für schlimmere Krankheiten machen.

Hier noch ein Beispiel, wie Spannungen ausgelöst werden können. Ein Partner möchte vom Ersparten ein neues Auto kaufen, der andere lieber eine Urlaubsreise unternehmen. Es wird ungeheure Spannungen geben, die sich auf verschiedene Arten entladen können. Das geht mit Worten oder Taten: Man schimpft, schreit sich an, knallt Türen. Irgendwie muss man ja reagieren.

So wie das Paar mit seinem äußeren Konflikt umgeht, reagiert auch der Mensch auf seine inneren Probleme. Die Seele schimpft, schreit, und der Körper knallt Türen, das heißt, man somatisiert. Der Körper zeigt: «Halt, meiner Seele geht es schlecht.»

Wenn wie in diesem Beispiel der Mann die Türen knallt und anschließend wütend in die nächste Eckkneipe läuft, ist der Konflikt Auto oder Urlaub nicht gelöst. Er kommt wieder nach Hause, und die dicke Luft ist immer noch da. So ähnlich läuft es im Körper auch ab. Wenn man die somatischen Hinweise, sprich die Symptome des Körpers, nicht wahrnimmt, geht die Auseinandersetzung mit dem Thema, sprich dem inneren Konflikt, weiter.

Folgende Reaktionen sind denkbar:
a) Die Seele igelt sich ein, sie will nichts mehr aufnehmen, man bekommt Depressionen.
b) Aus den körperlichen Symptomen werden handfeste Krankheiten, die nun mit medizinischen Möglichkeiten greifbar sind.

Sich ent-spannen

Um zu unserem Bild zurückzukehren: Man nimmt die Ellbogen von der Glasplatte. Das heißt, man entfernt, was Druck ausübt und Spannung auslöst.

Dazu gibt es unterschiedliche Wege:

1. **Reden** Viele Spannungen bekommt man in den Griff, indem man sich die Nöte sprichwörtlich von der Seele redet. Oft reicht es schon, sich einem Menschen anzuvertrauen und seinem Ärger «Luft zu machen». Danach fühlt man sich erleichtert. Allerdings ist es wichtig, jemanden zu finden, der nicht nur gut zuhören kann, sondern auch mal widerspricht und Fragen stellt. So ist der Betroffene gezwungen, das Problem von verschiedenen Blickwinkeln aus zu betrachten und gründlich auszuleuchten. Zwischenfragen und Hinweise bereichern das Gedankengebäude. So kann man in einem langen Gespräch allmählich seinen Problemen auf die Spur kommen. Zu einer wirklichen Entlastung kommt es nämlich nur, wenn man selbst die Lösung findet. Vom geduldig zuhörenden Gesprächspartner immer wieder mit der Nase auf das Problem gestoßen, entkommt man dem Dschungel verquerer Gedanken und sieht plötzlich klar. Die Spannungen sind verschwunden. Die Blockaden sind aufgelöst. Die Energie fließt wieder.
2. **Bewegen** Auch Bewegung kann helfen. Das erklärt die «entspannende» Wirkung des Joggens oder einer anderen Sportart. Wer ein aufregendes Tennismatch gemeistert hat, fühlt sich erleichtert, sorglos, «entspannt». Bewegung ist also auch eine Form der Energieverarbeitung, die Konflikte und Blockaden löst. Man fühlt sich anschließend wieder ruhiger und ausgeglichener.
3. **Problem lösen** Wenn man sich nur zwischen zwei Jobs entscheiden muss, erscheint die Lösung recht einfach. Oft ist die Ursache der Spannungen jedoch so vielschichtig, dass man keine klare Lösung sieht. Manchmal stehen auch besondere Rahmen-

bedingungen im Weg. Die Ehefrau, die dem Mann zuliebe aufs Land gezogen ist und sich seitdem grämt, weiß nicht, wie sie aus dem Dilemma herauskommen soll. Sie leidet seit Jahren an unerklärlichen Kopfschmerzen, fühlt sich meistens matt und antriebslos. Sie möchte zurück in die Stadt, in der ihre Freundinnen leben. Doch eine Stadtwohnung ist zu teuer. Ihr Mann kann das Geld nicht aufbringen. Sie selbst findet mit dem Kleinkind keinen Job, um etwas dazuzuverdienen. Also hält sie durch. Die Unzufriedenheit und damit der Druck bleibt.

Wenn wie in diesem Beispiel die Möglichkeiten nicht da sind, Spannungen schnell abzubauen, der Druck also lange Zeit erhalten bleibt, macht sich dies auf der körperlichen Ebene bemerkbar. Das nennt man «somatisieren». Man muss also auf der Hut sein und darf Probleme nicht über einen langen Zeitraum mit sich herumschleppen. Wer sich allein nicht zu helfen weiß, sollte fachliche Hilfe in Anspruch nehmen.

Man muss aber auch wissen, dass psychische, psychosomatische und eventuell sogar somatische Störungen durch Programme entstehen, deren Ursprung und Auftreten uns in den meisten Fällen gar nicht bewusst sind. Wie kommt es denn, dass der eine sich locker seine Probleme wegredet, der andere sich mit Sport fit hält, der Dritte einfach die Stadt wechselt und der Vierte trotz allem körperliche Beschwerden bekommt? Ganz einfach, viele Menschen merken zwar, dass sie Spannungen haben, aber die Ursachen sind ihnen oft nicht bewusst.

So litt Iris (28), eine junge Mutter, bei Stress an so genanntem «Stressausschlag». Besonders der Wochenendeinkauf für die Familie setzte ihr immer heftig zu. Lange Zeit glaubte sie, sie sei gestresst, weil sie zu sehr auf Sonderangebote achte und deshalb zu viel Zeit brauche. Manchmal schaffte sie nicht alles, was sie sich vorgenommen hatte, weil die Geschäfte schlossen. Aber im Unterbewusstsein belastete sie etwas anderes viel mehr. Sie hatte Angst, dass der Ehemann schroff reagieren könnte oder die Kinder enttäuscht wären, weil sie vielleicht nicht den richtigen Fruchtjoghurt im Einkaufskorb hatte. Es war nicht das gewissenhafte Kontrollieren der Preise und die zu früh geschlossene Tür des Supermarktes, die ihr Unwohlsein auslösten, nein, es war die Angst, etwas falsch zu machen, in der Familie nicht gemocht, geliebt, anerkannt zu sein.

Die Erklärung liegt hier im Unbewussten. Auf der Ebene der Gedanken und Vorstellungen ist ein großer Teil unserer Beschwerden begründet. Doch oft verdrängen wir unsere Gedanken, verstecken sie sozusagen vor uns selbst. Unangenehme Erlebnisse, mit denen wir uns nicht auseinander setzen können oder wollen, schieben wir in die untere Ebene des Bewusstseins, in der Hoffnung, dann nicht mehr damit konfrontiert zu werden. Unsere bemühte Hausfrau Iris wurde als Kind immer von ihren Eltern gerügt und mit Liebesentzug bestraft, weil sie die Einkäufe nicht zeitgerecht erledigt hatte. Mit Sätzen wie «Du taugst ja zu gar nichts» und «Wenn man sich auf dich verlässt, ist man verloren» wurde sie regelmäßig beschimpft. Das unterbewusste Gefühl, unzulänglich zu sein, alles schlecht zu machen, hat sich bei Iris bis ins Erwachsenenalter erhalten und kollidiert heute mit der Realität. Das Bewusstsein sieht die verschlossene Kaufhaustür, das Unterbewusstsein ruft: «Typisch, nur weil du gebummelt hast, bekommt deine Familie mal wieder nicht, was sie sich wünscht. Du lernst es nie. Du bist und bleibst ein Versager.» Bewusste und unterbewusste Gedanken stehen im Konflikt zueinander. Das Ergebnis ist bekannt: Spannungen.

Das erklärt auch, warum so viele Verhaltensstörungen oder Symptome bis hin zu körperlichen Erkrankungen erst nach Jahren aufgedeckt und behoben werden. Ihr Ursprung liegt ja für die Betroffenen selbst im Verborgenen. Denn viele Dinge, die einem nicht mehr bewusst sind, sind zu einer Zeit geschehen, da das Bewusstsein kaum oder noch zu wenig entwickelt war, nämlich in der frühen Kindheit. Programme, die hier ihre Wurzeln haben, sind später nur noch als Empfindung präsent wie z. B. «Niemand liebt mich» oder «Um mich hat sich nie jemand gekümmert». Den anderen Teil der unbe wussten Programme hat man vor sich selbst weggesperrt, um nicht damit konfrontiert zu werden. Typisch für diese Blockaden sind Aussagen wie «Davon will ich nichts wissen» oder «Das geht keinen etwas an» bis zu «Darüber spreche ich nicht».

Hier kann meist nur ein erfahrener Therapeut helfen.

Test: Macht mich meine Ehe krank?

Nun haben Sie viel über Krankheiten gelesen und sich vermutlich
selbst gefragt: Macht mich meine Ehe eigentlich auch krank? Bin
ich gefeit gegen diese Reaktionen? Oder gehöre ich zumindest zum
Kreis der Gefährdeten?

Ein Fragenkatalog kann Antwort geben. Nehmen Sie sich Zeit zu
überlegen, bevor sie mit ja oder nein antworten.

1. Haben Sie häufig Kopfschmerzen, Schnupfen oder
   Magenbeschwerden?
2. Fühlen Sie sich ständig angespannt?
3. Empfinden Sie Ihr Leben als sinnlos und leer?
4. Fühlen Sie sich regelmäßig überfordert?
5. Leiden Sie an Gewichtsproblemen, die durch Fress-
   attacken oder strenge Diäten ausgelöst werden?
6. Streiten Sie mehr als einmal die Woche?
7. Ist ein Streit schnell vergessen?
8. Sind Sie mehr als einmal die Woche traurig oder gar
   verzweifelt?
9. Fehlt Ihnen Anerkennung für Ihre Leistung?
10. Fühlen Sie Geborgenheit, wenn Ihr Partner bei Ihnen ist?
11. Möchten Sie Ihren Partner ändern?
12. Glauben Sie, dass Sie viel Ärger herunterschlucken müs-
    sen?
13. Haben Sie manchmal Angst, nach Hause zu gehen?
14. Denken Sie daran, alles aufzugeben und irgendwo
    «neu» anzufangen?
15. Haben Sie das Gefühl, dass Ihnen Ihr Zuhause Energien
    raubt?
16. Leben Sie auf, wenn Sie in einer anderen Umgebung
    sind?
17. Unterstellen Sie Ihrem Partner gezielte negative Verhal-
    tensweisen?

18. Wenn Sie einen Rat brauchen, wenden Sie sich sofort an Ihren Partner?
19. Ist Ihr Partner ihr engster Vertrauter?

Auflösung:

Mehr als 15 Ja-Antworten: Sie sind in ernster Gefahr und sollten dringend handeln. Setzen Sie sich mit Ihrem Partner zusammen und erzählen Sie ihm Ihre Sorgen. Wenn er nicht auf Sie eingeht, vertrauen Sie sich einer Freundin an. Überlegen Sie gemeinsam, wie Sie erreichen können, dass sich Ihre Lebenssituation schnell und zügig ändert.

Am besten ist es, eine Liste aufzustellen, in der die Probleme in drei Kategorien eingeteilt sind.

1. Was kann ich selbst konkret sofort ändern?
2. Was kann ich nur langfristig und mit Hilfe meines Partners ändern?
3. Worein muss ich mich fügen und wie kann ich lernen, besser mit den unabänderlichen Gegebenheiten umzugehen?

Zwischen 8 und 15 Ja-Antworten: Alarm! Sie sind ehestressgefährdet.

Ratsam wäre ein Redeabend pro Woche, in dem Sie Ihrem Partner gegenüber offen alles ansprechen, was Sie stört. Wählen Sie dazu am besten eine angenehme Atmosphäre, z. B. einen Spaziergang oder ein Abendessen. Pflegen Sie diesen Freiraum von Familie und Verpflichtungen, damit Ihr Partner genau weiß, wo Sie emotional stehen. Wichtig ist, dass Sie nichts verschweigen, sondern wirklich alles ansprechen! Wer belastende Dinge ausspart und allein bewältigen will, riskiert nur, dass die Ehe tiefer in die Krise rutscht. Deshalb ist Offenheit so wichtig. Wer allein nicht zurechtkommt, kann eine Vertrauensperson bitten, die Rolle des Mediatoren zu übernehmen. Oft werden Ratschläge und kritische Anmerkungen von außen bewusster aufgenommen, als wenn sie vom Partner kommen. Deshalb ruhig zu unkonventionellen Mitteln greifen, um die Partnerschaft aus dem kritischen Fahrwasser zu holen.

Maximal 8 Ja-Antworten: Sie sollten sich einmal fragen, ob Sie Ihren Standpunkt ändern können. Vielleicht nehmen Sie vieles zu ernst, belasten sich zu stark mit normalen Alltagsproblemen. Überprüfen Sie auch, ob Sie nicht zu hohe Erwartungen an den Partner stellen. Vielleicht wollen Sie das hundertprozentige Eheglück und überfordern sich und Ihren Mann. Besser ist es, ab und zu mal einen Blick zurückzuwerfen und das Erreichte mit dem Erwarteten zu vergleichen. Vielleicht ist nicht alles so schlecht, wie Sie denken. Ein positiver Blickwinkel ändert viel.

Eheprobleme, die krank machen

Spannungen machen krank. Sowohl die Seele als auch den Körper. Untersuchungen haben ergeben, dass verheiratete Frauen öfter krank werden als weibliche Singles. Sie haben Vielfachbelastungen durch Kinder, Haushalt, oft noch Job. Dazu fehlt die Anerkennung, da ihre Familienleistung schlecht messbar ist, als selbstverständlich gilt und der eigene Verdienst bei den meisten gering ausfällt. Wenn dann noch die Kinder aus dem Haus gehen, fallen viele in ein emotionales Loch, ausgelöst durch das Gefühl, nicht mehr gebraucht zu werden, und die Angst, ihrem Leben keinen neuen Sinn mehr geben zu können.

Neben der Familienverpflichtung haben Frauen oft keine Zeit gefunden, Freundschaften aufzubauen und Hobbys zu pflegen. Sie sind plötzlich allein.

Als Ausgleich für all die Negativpunkte des Ehelebens müsste auf der Habenseite die Liebe und Harmonie mit dem Partner stehen. Doch die Wirklichkeit sieht anders aus. Männer sind in der Regel auf ihre Arbeit fixiert. Was zu Hause passiert, nehmen sie nur am Rande wahr. Darüber hinaus gehen sie Probleme sachlicher an, lassen sie nicht so nah an sich heran. Statt durch die Ehe und Partnerschaft aufgefangen zu werden, Wärme und Zuwendung zu bekommen, erleben Frauen die Ehe häufig als Zusatzstress. 72 Prozent aller Frauen geben an, mindestens einmal täglich unter Spannungen zu leiden, die durch Reaktionen des Mannes ausgelöst werden. Solch regelmäßiger und dauerhafter Unfrieden mit dem Partner bringt den Körper aus dem Gleichgewicht, schwächt das Immunsystem und macht irgendwann krank.

Was macht Frauen konkret in der Ehe unglücklich? Anhand einer Umfrage der Uni Bielefeld, Institut für Sozialmedizin, von 1998 lassen sich die zwölf häufigsten krankheitsauslösenden Eheprobleme dingfest machen.

Frust statt Lust

Auf dem Standesamt schwört man sich, immer füreinander da zu sein. Doch für viele Paare werden der Job, die Kinder, der Freundeskreis oder einfach die Alltagsbewältigung schnell wichtiger als die Liebe. Routine und Alltagstrott werden zu wahren Ehekillern. Die meisten Ehen scheitern daran, dass sich die Partner auseinander leben, weil sie sich keine Zeit mehr nehmen, um miteinander zu sprechen oder gemeinsamen Interessen nachzugehen. Statt sich umeinander zu bemühen, sich kleine Überraschungen zu machen und einfach füreinander da zu sein, werden nur noch organisatorische Absprachen getroffen. Wer macht das Bad? Bringst du den Mülleimer raus? Was schenken wir Steffi zum Geburtstag? Zärtlichkeiten und Körperkontakte werden auf ein Minimum reduziert. Von den ehemals innigen Küssen bleiben nur der flüchtige Begrüßungs- und Abschiedskuss. Aus wilder Leidenschaft ist Routine-Sex zu festen Zeiten geworden. Die alltäglichen Pflichten haben die Liebe niedergeknüppelt. Alles, was den Partner früher anziehend, interessant, spannend und aufregend machte, ist heute begraben von Windelwaschen, Ratenzahlen und Verpflichtungennachkommen. Das Kribbeln im Bauch? Was war das? Kaum jemand kann nach fünf Jahren Ehe noch das Gefühl der Verliebtheit spontan abrufen.

«Es liegt alles so weit zurück», sagt Karin (28) nach erst vier Jahren Ehe resigniert. Den emotionalen Abstand zwischen sich und ihrem Mann Georg (32) empfindet sie als enorm, seit er eine leitende Stelle in einer Bank angenommen hat. «Früher, während der Studienzeit, haben wir stundenlang im Gras gelegen und unsere Phantasien vor dem anderen ausgebreitet. Ich wusste genau, was Georg fühlt, wovon er träumt und dass er seine Cornflakes am liebsten mit Honig isst. Komisch, seitdem sind nur drei Jahre vergangen, und oft weiß ich nicht mal, wo er gerade ist.»

Tipps: Bevor sich ein solcher Frust in die Beziehung schleicht, sollte man den Anfängen wehren. Jedes Paar muss sich Freiräume schaffen, in denen man sich wieder genießen kann. Am leichtesten lässt sich ein «Ehetag» pro Woche einrichten, an dem beide nur sich selbst gehören. Man kann ins Theater gehen, bummeln oder einfach nur in einem netten Lokal ausgiebig «quatschen». Wichtig ist: keine Kinder, keine Freunde. Zweisamkeit ist angesagt. Als Ergänzung sollte pro Jahr auch eine Familien-Auszeit von einer Woche genommen werden. Sieben Tage Urlaub von der Familie und allen häuslichen Verpflichtungen. Ein schlechtes Gewissen muss man dabei nicht haben. Man verbringt bereits 51 Wochen mit den Kindern. Aber es gibt neben Mutter und Vater auch Mann und Frau, und genau diese Rollen müssen an bestimmten Tagen neu besetzt werden. Sein Auto bringt man regelmäßig zur Inspektion. Auch eine Ehe muss gecheckt und nötigenfalls repariert werden. Ein regelmäßiger Liebesurlaub wirkt wie ein Werkstattaufenthalt. Anschließend fährt man wieder schnell und sicher.

Ohne Reden kein Verstehen

Immer mehr Ehepaare klagen über mangelnde Kommunikation. Vielleicht fallen ein paar Worte, vielleicht wird geplaudert. Aber man erreicht einander damit kaum noch. Man tauscht leere Worthülsen aus oder führt einen inhaltslosen Smalltalk über das Wetter und den Stress am Arbeitsplatz, klatscht über die Nachbarn und Kollegen, tauscht Informationen über die Kinder aus. Aber was die beiden Partner wirklich bewegt, erfahren sie nicht voneinander.

Einer Umfrage des Forsa-Instituts im Auftrag der Zeitschrift «Bild der Frau» zufolge sprechen Paare in Deutschland pro Tag im Schnitt circa fünf Minuten miteinander. Die restliche freie Zeit wird aneinander vorbeigegessen, -gebadet, Hausarbeit erledigt oder ferngesehen. Die Wochenenden sehen nicht viel anders aus. Er bastelt am Auto oder verschanzt sich hinter einem Computer, sie macht die liegen gebliebene Hausarbeit oder widmet sich der Schönheitspflege.

Dabei vergessen alle, dass Kommunikation der Lebensstrom der

Ehe ist. Fällt der Strom aus, bricht alles zusammen. Beim Thema Elektrizität merkt man es schneller, weil der Herd nicht mehr angeht oder das Duschwasser morgens kalt bleibt. In einer Ehe dauert es länger, bevor das Herz kalt wird. Bis dahin können Monate, ja Jahre vergehen.

Echte Kommunikation sollte man deshalb immer wieder üben, pflegen, neu erarbeiten. Es geht um mehr als Senden und Empfangen, als Sprechen und Hören. Es geht um Aufnehmen, Umsetzen, Verstehen, Reagieren. Man muss lernen, seine Interessen, Gewohnheiten und Probleme sowie seine Ängste, Nöte, Träume und Wünsche zu vermitteln und die des Partners zu verstehen.

Der Arbeitskollege, der Vorgesetzte, der Verkäufer, bei dem man sein Auto bestellt, sie alle kommen mit sachlichen Worten zurecht. Man will etwas erreichen, drückt es aus und wird verstanden. Das ist leicht. Aber ein Partner muss zwischen den Zeilen lesen. Er muss verklausulierte Sätze interpretieren und deuten. Er muss Andeutungen verstehen, heraushören, was zwischen den Zeilen steht. «Ich gehe gern mit dir ins Kino» kann zum Beispiel bedeuten, dass man eigentlich zu müde ist und nur mitgeht, um dem Partner eine Freude zu machen. Man muss auch heraushören, ob mit dem Satz «Warum kommst du so spät» ein Vorwurf verbunden ist, weil man zu lange gewartet hat, oder die Enttäuschung, weil man sich auf die gemeinsame Zeit gefreut hat. Der Partner soll heraushören, was man tief in seinem Innersten fühlt, auch wenn man etwas anderes sagt. Und er soll es noch exakt hören.

Kein Wunder, dass sich an falscher Kommunikation viele Ehestreitigkeiten entzünden. «Was hast du?», fragt er, wenn er nach Hause kommt und sie gelangweilt in der Salatschüssel rührt. «Ach, nichts», antwortet sie leise, und deutlich ist an ihrem Tonfall zu hören, dass sie nicht die Wahrheit sagt. «Aber du hast doch etwas?», bohrt er weiter. «Nein, nein, wirklich nicht!», treibt sie ihn bewusst nochmal in die Irre, und innerlich grollt sie und denkt ungeduldig: «Wenn er es jetzt nicht merkt, ist er ein unsensibler Schuft.»

Dieses sinnlose Gezerre kennt jeder. Irgendwann verliert er die

Lust, erneut zu fragen. Sie entgegnet ihm vorwurfsvoll, dass er mal wieder überhaupt nicht auf sie eingeht. In der Regel eskaliert das Ganze dann, indem sie ihm sagt, dass er unsensibel und gleichgültig ist, ja, es immer schon war. Nur ihre Freundinnen verstehen sie wenigstens. Die sehen immer, wenn sie Kummer hat, und zu denen wird sie sich jetzt auch flüchten. Überhaupt möchte sie weg aus der Ehehölle mit einem gleichgültigen, gefühlskalten Ehemann, der nur Arbeit, Hobby und Auto im Kopf hat. Sie möchte weg aus einer Ehe, in der der Mann nicht mal sieht, wenn seine Frau ein Problem hat. Dabei hat er es doch sofort gesehen. Aber das spielt ja nach dem ewigen Hin und Her gar keine Rolle mehr.

Warum ist die intime Kommunikation so schwer?

Ein häufiger Grund ist der, dass sich Ehepartner nicht gegenseitig voll informieren. Sie enthalten sich Wissen vor, teils aus Bequemlichkeit, teils aus Sorge, dass es Krach gibt. Ein Beispiel: Tante Frieda hat rechtzeitig ihren Besuch angekündigt. Die Ehefrau weiß, dass ihr Mann sich darüber keineswegs freut. Also hält sie ihn tagelang im Ungewissen. Erst am Morgen der Ankunft teilt sie ihm beiläufig beim Frühstück mit: «Ich muss noch einkaufen! Tante Frieda kommt gleich.»

Der Krach ist programmiert. Der Ehemann ist überrascht, fühlt sich überrumpelt und gibt einen negativen Kommentar ab. Sie ist sowieso schon angespannt, hat Angst, dass er ihr eine Szene macht, und darüber hinaus ein schlechtes Gewissen, ihm den Besuch verheimlicht zu haben. Also macht sie ihm ihrerseits Vorwürfe. «Immer lehnst du meine Tante ab. Wie kannst du der alten Frau gegenüber so abweisend sein. Willst du etwa im Alter so behandelt werden?» Der Dialog endet im Streit.

Alles wäre anders gekommen, wenn sie offen mit ihrem Mann über den Besuch gesprochen hätte.

Wenn Ehepartner sich Informationen nicht sofort weitergeben, kommt es schnell zum Konflikt. Selten schweigt einer aus Taktgefühl, meistens ist es Angst vor einem Konflikt. Man will abwarten, die Angelegenheit aussitzen, hofft, dass sich das Problem irgendwann von selbst löst. Doch in der Regel wird es durch Verschweigen nur größer.

Manche Ehemänner sind beispielsweise nicht offen, wenn es um ihr Einkommen geht. So fiel Lisa (34), eine erfolgreiche Journalistin, aus allen Wolken, als sie plötzlich eine Räumungsklage im Briefkasten fand. Ihr Mann Uwe (36), ein selbständiger Architekt, hatte sechs Monate lang die Miete für die schicke Hamburger Altbauwohnung nicht bezahlt. Der Grund war klar: Er hatte keine Aufträge mehr bekommen. Doch aus Scham, als Versager zu gelten, hat er sich nicht getraut, seiner Frau das zu gestehen. Stattdessen hat er monatelang den Schein gewahrt und sich Aufträge ausgedacht. Lisa hätte die Miete problemlos zahlen können, wenn er ihr die Wahrheit gesagt hätte. Doch das war ihm zu peinlich. Er hatte versucht, das Problem auszusitzen, und alle Mahnschreiben geschickt abgefangen. Als die Bombe geplatzt war, schnappte er sich seinen Mantel und lief weg. Lisa war fassungslos. Mit der finanziellen Hilfe ihrer Eltern konnte sie den Auszug stoppen. Aber das Vertrauen zu ihrem Mann war nachhaltig erschüttert. «Warum hat er bloß geschwiegen. Wir hatten doch ein offenes, vertrauensvolles Verhältnis. Ich kann nicht begreifen, warum ihm die Sache peinlich war. Darauf wäre ich nie gekommen.»

Eine andere Form gestörter Kommunikation ist die Art, unangenehme Dinge immer auf übertriebene, spaßige oder flapsige Art mitzuteilen. Manche spielen den Pausenclown, wenn sie Probleme haben, und versuchen so, vom Ernst der Lage abzulenken. «Huhu, mein Konto ist blitzeblank. Aber was spielt Geld schon für eine Rolle. Wir können uns ja im Keller immer welches nachdrucken», kalauert er auf dem Weg aus der Kneipe. So will er ihr beibringen, dass er das Konto überzogen hat und der geplante Urlaub ausfallen muss. Aber der Spaß geht daneben. Sie erkennt die Situation und will vernünftige Informationen. Doch er bleibt, jetzt erst recht verunsichert, beim Albern, woraufhin sie sauer wird. Die Kommunikation ist missglückt.

Drittens gibt es die Ablenker, die ständig über unwichtige Dinge quasseln und so von den wahren Problemen ablenken wollen. Ein

Beispiel: Sie möchte die Urlaubsreise besprechen und die Flüge buchen. Er kann aber in Wirklichkeit gar nicht aus der Firma und will sich dem Thema am Frühstückstisch nicht stellen. Also plaudert er über die tolle Espresso-Maschine, die ein Bekannter zum Spottpreis gekauft hat, oder versucht sie mit dem neuesten Büroklatsch vom Urlaub abzulenken. Beim Hinausgehen ruft sie ihm noch nach: «Was ist denn nun mit dem Urlaub?» Aber da zieht er schon die Tür hinter sich zu und ist froh, dem Problem nochmal entkommen zu sein. Doch die Erleichterung ist nur von kurzer Dauer. Denn sie wird ihm das Thema wieder auftischen, und zwar zunehmend ungeduldiger, was dann wieder die Gefahr in sich birgt, dass das Ganze eskaliert.

Tipps: Für eine gelungene Kommunikation braucht man nur wenige Punkte zu berücksichtigen. Folgendes ist wichtig, wenn man dem Partner etwas mitteilen möchte:

1. Die hundertprozentige Aufmerksamkeit des Partners
2. Deutliche Vorbereitung auf die kommende Nachricht
3. Einkreisung des Themas, über das gesprochen werden soll
4. Vergewisserung, dass der Partner zum Zeitpunkt auf das Thema eingestellt und an einem Gespräch interessiert ist
5. Klare, nicht verschlüsselte Aussage
6. Kontrolle, dass die Aussage angekommen ist, in Form von Rückfragen

Das hört sich leicht an. Doch Partner, die im Konflikt stecken, aufgeregt und häufig auch aggressiv oder verletzt sind, können diese Grundregeln oft nicht mehr einhalten. Sie zögern, eine deutliche Verbindung herzustellen, indem sie gelangweilt wegschauen oder gleich ein «Totschlagargument» wie «Immer musst du diese alten Sachen aufwärmen» einbringen. Sie wollen sich dem Thema nicht stellen und lösen mit der Verweigerung einen endlosen «Rundumstreit» aus. Das heißt, man ist am Ende des Gesprächs genauso schlau wie zu Beginn. Die stundenlange quälende Diskussion hat zur Konfliktlösung nichts beigetragen.

Nur wenn die Partner dazu übergehen, auf Schweigen, Tarnen oder Stören in der Kommunikation zu verzichten, kann diese erfolgreich sein. Auf die Frage «Wie geht's dir?» kann man klar seine Befindlichkeit äußern und sofort zum Punkt kommen. «Ich bin verärgert, weil du so spät kommst und ich 30 Minuten mit dem Essen auf dich gewartet habe. Außerdem hat zwischendurch noch zweimal das Telefon geklingelt, und beim Gespräch ist mir das Essen angebrannt.» Doch statt dieser ehrlichen offenen Antwort gibt's in vielen Partnerschaften nur ein zickiges «Wie soll's mir schon gehen, wenn ich stundenlang auf dich warte. Mit deiner Unpünktlichkeit hast du mich doch immer gequält. Ich glaube, da steckt mittlerweile System dahinter.»

Im ersten Fall wird der Mann seine Frau vielleicht in den Arm nehmen, ihr einen Kuss geben und sagen: «Na, dann lass uns mal 'ne Pizza in den Ofen schieben.» Im zweiten Fall wird das Abendessen vermutlich ausfallen. Er sitzt wütend vorm Fernseher, sie grollt lesend im Bett.

Offene Kommunikation deckt zwar mehr auf, ist aber anstrengender, weil ständig etwas auf den Tisch kommt, das besprochen werden muss. Doch nach der harten Arbeit stellt sich der Erfolg ein: Vertrauen und Harmonie.

Streiten ja – aber richtig

Streiten muss sein. Man reibt sich aneinander, wächst an den unterschiedlichen Standpunkten und findet irgendwann über einen Kompromiss zueinander. Streit kann zu einer Bereicherung der Partnerschaft werden, wenn beide daraus lernen und sich darüber in einem weiteren Punkt besser kennen gelernt haben. Doch Streiten muss man können. Viele Menschen besitzen keine Streitkultur. Aufkommende Meinungsverschiedenheiten werden gleich als Angriff gewertet und mit scharfen Geschützen abgewehrt. Die Schlacht ist eröffnet.

Dabei gibt es unterschiedliche Kampfstile:

1. Der Dauerredner Der Dauerredner «bittet» seinen Partner zwar zum Gespräch, aber in Wirklichkeit hält er nur einen Vortrag. Er will sein Gegenüber mit Vorhaltungen in die Knie zwingen, ihn klein halten und dadurch beherrschbar machen. Er duldet keinen Widerspruch und besteht darauf, das letzte Wort zu haben. Wenn der Partner irgendwann sein ‹Stimmchen› erhebt, bekommt er zu hören: «Unterbrich mich nicht. Jetzt musst du dir schon anhören, was du mir in letzter Zeit alles angetan hast. Oder bist du dazu zu feige?»

Dauerredner erreichen allerdings nichts. Der Partner wird sich langfristig nur abwenden. Wenn die Antwort ständig abgewürgt wird, endet das Gespräch im Dauerschweigen des Partners. Die Kommunikation stirbt. Aber der Konflikt ist geblieben und bricht anderswo mit entsprechender Aggression wieder hervor.

Tipps: Was kann man tun?

1. Wie in politischen Diskussionsrunden kann man eine Uhr auf den Tisch stellen und sich eine bestimmte Redezeit zuteilen. Wenn die beendet ist, klingelt der Wecker. Der andere ist dran.

2. Wenn der Dauerredner mal eine Pause macht, sofort darauf hinweisen: «Schön, dass ich auch zu Wort komme. Die nächste Zeit gehört jetzt mir. Was ich dir sagen möchte, ist ...»

3. Nach mehrmaligen Hinweisen, auch etwas sagen zu wollen, einfach aufstehen und hinausgehen. Oft hilft diese simple Methode. Denn ein Dauerredner braucht ja für seine Wirkung ein Gegenüber. Wenn ihm niemand mehr zuhört, begreift er vielleicht, dass er mit seiner Kampftaktik nicht weiterkommt.

2. Der Wüterich Gespräche mit ihm enden oft im Desaster, weil nur noch geschrien wird. Mehr oder weniger laute Wutausbrüche schrecken ab, verletzen und führen nur dazu, dass mitgeschrien wird.

Tipps:

1. Auf jeden Fall ruhig bleiben und mehrmals deutlich damit drohen, sofort das Gespräch zu beenden, wenn noch ein lauter Satz fällt. Wenn der Partner wieder laut wird, muss man das Gespräch sofort abbrechen. «Sei nicht böse, aber so hat das keinen Sinn. Lass uns morgen weitersprechen.»

2. Auf den Zeitpunkt des Gesprächs achten. Niemals diskutieren, wenn man gerade von der Arbeit kommt oder kurz vorm Einschlafen ist. Müde und abgespannt bleibt kaum jemand ruhig.

3. Statt sich zu Hause zusammenzusetzen, kann man ein Lokal als Gesprächsort auswählen. Ein Schreihals muss sich dann zurücknehmen.

3. Der hinterlistige Streiter Solche Menschen schlagen nach dem Partner, indem sie ein Ziel angreifen, das ihm unweigerlich wehtun muss. Besonders tief treffen abwertende Aussagen über die Mutter oder Kinder aus erster Ehe. Man kann auch über die religiöse Einstellung lästern oder die beste Freundin schlecht machen.

Tipps:

1. Oft hilft es, einfach an den fairen Umgang zu appellieren und sich klar und deutlich zu verbitten, dass Außenstehende oder Dinge, die einem wichtig sind, schlecht gemacht werden.

2. Wenn das nicht verstanden wird, kann man auch mal den Vorführeffekt nutzen. Das heißt, man greift den Partner dort an, wo er empfindlich ist, erklärt aber vorher, warum man das tut. «Stell dir bitte vor, wie du reagieren würdest, wenn ich deine Mutter als faule Schlampe bezeichnen würde, nur weil sie nicht gern kocht. Siehst du, das magst du nicht hören.»

3. Tritt nach wiederholten Hinweisen keine Besserung ein, kann man den Partner nur ausbremsen, indem man aufhört.

«Letzte Mahnung: Entweder du bleibst beim Thema, oder ich breche ab.»

4. Der Unterjubler Er schreibt seinem Partner ständig Eigenschaften und Ansichten zu. Statt ihn zu ermuntern, selbst offen über sein Befinden zu sprechen, weiß er bereits bestens über ihn Bescheid. Dieses Verhalten gleicht einer Gehirnwäsche. Wenn man es lange genug durchhält, glaubt der Partner irgendwann wirklich daran, dass er «verlogen», «beziehungsunfähig» und «unbeliebt» ist. Die Eigenschaften, die der andere an ihm entdeckt hat, schreibt er sich irgendwann selbst zu. So gerät er unweigerlich in eine Falle, wird hilflos und unsicher und ordnet sich freiwillig den Forderungen des anderen unter.

Tipps:

1. Jeder kennt sich selbst am besten. Wer den Kampfstil des Unterjublers erkannt hat, kontert einfach: «Ich weiß besser, wie ich mich fühle. Bitte lass das bleiben.»
2. Wer unsicher ist, sollte gute Freunde nach deren ehrlicher Meinung fragen. «Ist dir schon mal aufgefallen, dass ich immer lüge, um mich interessant zu machen?» Oder: «Siehst du in mir eine Frau, die sich ständig bemitleiden will?» Oft stellt sich heraus, dass Freunde ein ganz anderes, viel positiveres Bild von einem haben. So gestärkt, kann man selbstbewusst die Vorwürfe des Partners zurückweisen.
3. Mit einem Frontalangriff reagieren. «Ich denke, das sagst du nur, weil du selber mit dir nicht zufrieden bist. Alles, was du mir vorwirfst, machst du doch selbst. Um zum eigentlichen Thema zu kommen, sollten wir diese Vorwürfe erst einmal außen vor lassen. Wie wär's, wenn wir zuerst das eigentliche Problem ansprechen?»

5. Der Provokateur Er bricht ständig einen Streit vom Zaun, um damit ganz gezielt die Selbstachtung des Partners zu zerstören. Er geht gut gelaunt mit zu einer Party, um sich dann gelangweilt in eine Ecke zu setzen. Er bittet den Partner, ein schickes Lokal auszusuchen, und mäkelt dann an allem herum. Er sucht im Gespräch keinen Austausch. Er reicht zwar symbolisch die Hand, aber nur, um den anderen mit Kränkungen zurückzustoßen und ihm dann vorzuwerfen, keine klärende Aussprache zu wollen.

Besonders Frauen fallen auf diese Spiele herein. Sie lassen sich für alles die Schuld in die Schuhe schieben und sich so in die emotionale Abhängigkeit drängen. Motto: «Ich kann ja doch nichts allein und muss froh sein, so einen tollen Mann an meiner Seite zu haben. Auf der Party hat er sich doch nur gelangweilt, weil ich so wenig unterhaltsam war. Das Lokal fand er nur schlecht, weil ich so wenig Empfinden für Stilfragen habe.» Besonders gern verletzen solche Männer die Selbstachtung ihrer Partnerin, indem sie deren sexuelle Fähigkeiten infrage stellen. «Ich schlafe nicht mehr mit dir, weil du so phantasielos bist.»

In einer intimen Partnerschaft ist es leicht, Abhängigkeiten aufzubauen, um Macht auszuüben. Man besteht auf Zweisamkeit, um den anderen aus seinem Freundeskreis zu holen. Wenn die Kontakte abgerissen sind, ist er ganz auf einen angewiesen und kann sich von außen keine Bestätigung mehr holen.

Männer kommen nicht so schnell in diese Opferrolle, weil sie im Beruf ausreichend äußere Bestätigung finden. Doch Frauen, die als Hausfrauen relativ einsam leben und auf die Bestätigung des Partners angewiesen sind, sind leichte Opfer. «So wie du aussiehst, kann ich mit dir nirgends mehr hingehen.» Oder: «Sag am besten gar nichts. Du findest doch nie die richtigen Worte.» Auf diese Art werden Frauen klein gemacht.

Schwächen registriert der Provokateur genau und verzichtet nicht darauf, bei jeder Gelegenheit auf sie aufmerksam zu machen.

Tipps:

1. Nicht hinhören, wenn das eigene Persönlichkeitsbild gemalt wird, sondern sofort korrigieren: «Ich bin nicht egoistisch, ich verteidige nur meine Interessen, wie du es auch tust» oder «Ich bin nicht schlampig, sondern nur nicht so penibel wie du, weil ich andere Interessen habe».

2. Sich mit Freunden selbstkritisch unterhalten und dabei die Beurteilung des Partners schildern und fragen, ob es anderen auch schon aufgefallen ist, dass man ihnen nie zuhört etc.

3. Dem Partner deutlich seine Erkenntnis mitteilen. «Ich habe gemerkt, dass deine Schuldzuweisungen nur eine Taktik sind. Hör jetzt damit auf. Ich falle nicht darauf rein.»

4. Sich Anerkennung von außen suchen, indem man sich über Sport, Hobbys oder Arbeit einen Freundes- und Bekanntenkreis aufbaut.

Krank machenden Streit erkennt man daran, dass man vom anderen zum Mithandeln gezwungen wird. Der Schreier fordert zum Mitschreien, der Beleidiger zum Mitbeleidigen heraus. Partner, die «Hinterhalte» legen und das Gespräch auf falsche Fährten führen, um von eigentlichen Problemen abzulenken, verursachen Streitigkeiten, die an die Substanz beider Betroffenen gehen. Man erreicht keine Lösung, keine gemeinsame Ebene, sondern streitet sich nur weiter auseinander.

Schließlich passt sich in der Beziehung einer von beiden an: das heißt, er sagt nicht mehr, was er denkt, sondern hört nur noch schweigend zu. Er stimmt den Meinungen und Handlungen des Partners zu, aber ohne Überzeugung, und heuchelt, um den Partner ruhig zu stellen. So gibt es Partnerschaften, in denen einer von beiden jahrzehntelang eine Begeisterung für Musiksendungen vorgaukelt, nur um keinen Streit ums Fernsehprogramm auszulösen. Es gibt Frauen, die jahrelang den Orgasmus vortäuschen, nur um beim Partner keine Krise hervorzurufen. Angehörige von Alkoholikern trinken mit, damit das Thema nicht aufkommt, der Partner trinke zu viel. Am häufigsten sagen geschiedene Partner dazu rückblickend: «Ich weiß nicht, warum, aber ich habe mitgemacht, um ihn nicht zu verlieren», oder: «Ich wollte keinen Streit, darum bin ich jahrelang nach Amrum gefahren, obwohl ich diese Insel gehasst habe und viel lieber im Süden Urlaub gemacht hätte.»

Doch Heucheln bringt der Beziehung langfristig nichts. Jemand, der sich dauernd verleugnet, verliert ja nicht seine Wünsche und Bedürfnisse. Er stellt sie nur zurück hinter die Wünsche und Bedürfnisse des Partners. Doch Zurückstellen der Persönlichkeit kann nicht funktionieren. Bei den «Dauerheuchlern» bleiben die aufkommenden Spannungen einfach nur unverarbeitet. Sie werden unweigerlich früher oder später an ihrer Ehe «erkranken».

Viele «Dauerheuchler» werden auch zu «Dauernörglern». Sie entwickeln diese Verhaltensweise, um sich zu rächen. Weil sie nicht sie selbst sein können, machen sie zynisch alles schlecht, was der andere gut findet. Sie stoßen laufend negative Kommentare aus: «Was du bloß an dieser stumpfsinnigen Nachbarin findest. Aber du musst ja wissen, ob dir das Gespräch mit der reicht», oder: «Die Art, wie du einen Anzug trägst, zeigt deutlich, dass du kein Managertyp bist. Schade, dass du nie deine wirkliche Begabung herausgefunden hast.»

So negativ geworden, versinken sie schließlich in Depressionen. Sie nehmen an nichts mehr teil, weil sie ohnehin nicht Stellung beziehen dürfen, nicht ihre Interessen leben können.

Tipps:

1. Niemals während eines Gesprächs schweigend oder mit versteinerter Miene dasitzen. Besser ist es, selbstbewusst und gut vorbereitet in ein Gespräch zu gehen. Ein kleines, aber wichtiges Detail: Man kann seine Interessen glaubwürdiger und intensiver verteidigen, wenn man sich wohl fühlt. Also: gut kleiden und zurechtmachen und niemals in ungünstiger Verfassung wichtige Gespräche führen.
2. Niemals falsch geschilderte Situationen kommentarlos hin-

nehmen, sondern sofort widersprechen und die eigene Wahrnehmung beschreiben. Nicht einleiten mit: «Das ist falsch. Es war so ...», sondern zum Beispiel: «Das habe ich anders in Erinnerung ...»

3. Vor dem Gespräch die Bedeutung und Größenordnung des Streitthemas festlegen. Dann kann auch später die Reaktion darauf beurteilt werden. «Du hast doch selbst gesagt, es ist ein Problem mittlerer Bedeutung. Warum sprichst du jetzt von Scheidung? Diese Konsequenz ist doch nicht angemessen.»

4. Niemals den Partner zu viele Forderungen stellen lassen. Als Grundmaß gelten drei Wünsche, die der Partner in einer Auseinandersetzung sagen kann. Danach kann man die Liste der Änderungswünsche kappen und deutlich erklären, dass man jetzt eine Pause braucht, um das Erarbeitete umzusetzen. «Ich muss mir das jetzt erst einmal durch den Kopf gehen lassen. Deine anderen Punkte können wir zu einem späteren Zeitpunkt weiterbesprechen.»

Jeden Konflikt möglichst noch am selben Tag lösen. Bei wiederkehrender Thematik sich auf eine bestimmte Diskussionsdauer einigen. «Wir sprechen das noch einmal durch, aber heute höchstens eine halbe Stunde. Ich möchte nicht, dass das Gespräch wieder ausufert.»

Machtspiele

Macht spielt in Partnerschaften eine große Rolle. Denn Macht haben bedeutet Einfluss ausüben, und das möchte man in der intimsten Beziehung nur zu gern. Diese Tatsache an sich muss auch nicht schlimm sein. Wichtig ist aber, wie und zu welchem Nutzen man Einfluss ausüben will. Möchte man dem anderen Gutes tun, oder möchte man ihn für seine Zwecke missbrauchen. Es gibt faire Machtausübung, die der Paarbeziehung nützt beziehungsweise nicht schadet, und es gibt unfaire Machtausübung, die die Liebe tötet.

Wo liegt der Unterschied?

Ein Beispiel: Sabine (45) und Udo (49) sind auf der Fahrt in den Sommerurlaub. Auf der Autobahn ist ein Stau angesagt. Udo möchte eine Umleitung fahren, Sabine schlägt eine andere Route vor. Sie könnten sich in Ruhe mit beiden Möglichkeiten auseinander setzen. Sie hinterfragt seinen Vorschlag, er geht ihren durch. Doch im Alltag läuft es anders ab. Sabine, die den Atlas auf den Knien liegen hat und ihren Routen-Vorschlag macht, erwartet, dass Udo darauf eingeht. Doch er wischt ihn mit dem Satz «Das ist doch viel weiter» einfach vom Tisch. Er konkurriert nicht mit ihr, sondern macht klar, dass sein Vorschlag der bessere ist. Von Sabine erwartet er, dass sie sich ihm anschließt, doch sie reagiert abfällig auf seine Idee und beharrt auf ihrer Variante. Sofort bricht ein dicker Streit aus. Die relativ unwichtige Frage, welcher Weg der günstigere ist, ist schnell vergessen. Es geht nur noch um «Grundsätzliches». Sie werden immer lauter, schreien sich irgendwann an. Er drückt wütend aufs Gaspedal und düst auf seiner Route los. Sie schweigt. Die Stimmung ist dahin.

Ein Beispiel für den klassischen Machtkampf, der immer nach dem gleichen Prinzip funktioniert. Jeder ist von seiner Meinung überzeugt und erwartet vom anderen Gefolgschaft, verweigert sie ihm selbst heftig.

Anders, aber ähnlich tötend ist der Befehls- und Unterordnungsablauf. Dabei ist einer immer «oben», der andere immer «unten». Einer bestimmt, der andere gehorcht. Dabei kommt es zwar nie zum offenen Kampf, aber die ungleiche Machtverteilung wird für beide auf Dauer ebenso unerträglich wie beim dauernden Machtkampf. Derjenige, der «oben» ist, fühlt sich irgendwann allein gelassen, weil er keinen richtigen Gegenpart hat. Derjenige, der unten ist, fühlt sich unterdrückt und abgewertet.

Häufig versucht der Unterdrückte, sich mit versteckten Gemeinheiten und Sabotageakten zu rächen. So geht die «dienende» Frau einfach nicht mehr zu seinen Einladungen, boykottiert seine Erwartungshaltung, indem sie Krankheiten vortäuscht. Er denkt sich dann aber neue Druckmittel aus, um sich wieder als der Mächtigere zu beweisen.

Dabei muss man in einer Beziehung beides können: mitgehen und Position beziehen. Udo müsste sich geduldig auf Sabines Vorschlag einlassen, ihn loben, anerkennen und dann seine Alternative schildern. Beide wären im Einklang. Der Urlaubstag verliefe harmonisch.

Bei der Oben-unten-Beziehung ist das nicht der Fall. In der Regel hat hier einer von beiden die «besseren Karten», mehr Geld, mehr Bildung, mehr Freunde. Der Schwächere versucht, sich auf einer anderen Ebene etwas aufzubauen, auf der er stärker ist. Frauen verbünden sich gern mit ihren Kindern gegen den übermächtigen Ehemann und Vater und entziehen ihm so hintenherum Einfluss, siegen zumindest in dem Punkt.

Es gibt viele Möglichkeiten, Machtkämpfe versteckt zu führen und auf diese Weise auszudehnen. So reagiert sie mit Liebesentzug, wenn er ihr das Haushaltsgeld nicht bewilligt hat. Oder er gibt sich betont gelangweilt, wenn sie ihn gezwungen hat, zum Geburtstag der Schwiegermutter zu gehen.

Man stärkt zwar die eigene Position, doch die Liebe bleibt dabei auf der Strecke.

Macht wird zum Feind der Ehe, wenn sie benutzt wird, um den anderen zu behindern. Die Frau verweigert sich dem Mann sexuell. Der Mann weigert sich zu sagen, wo er gewesen ist. Man kann auch subtil Macht ausüben, indem man dem anderen vorhält: «Das kannst du sowieso nicht», oder: «Du verstehst doch nie etwas.»

Was hier hilft, ist, die Situation auszugleichen, indem man sich austauscht und dem Partner Vertrauen entgegenbringt. Sie hat offenen Zugang zu seinen Konten. Er erfährt durch sie alles über die Kinder. So kann Gleichwertigkeit vermittelt werden, auch wenn sie durch die objektiven Lebensvoraussetzungen (er arbeitet, sie hat wegen der Kinder ihren Beruf aufgegeben) nicht gegeben ist. In einer guten Ehe kann jeder mal oben oder unten sein. Problematisch wird nur die Schieflage, und die sollten reife Menschen auf jeden Fall zu beheben versuchen.

Tipps:

1. Offen die eigenen Interessen äußern und auch vertreten: «Der Haushalt ist mein Bereich. Bitte misch dich da nicht ein!»
   Oder: «Wir haben gesagt, dass ich den Teppich aussuchen soll. Jetzt schimpfe nicht, weil er dir nicht gefällt.»
2. Niemals die eigene Position stärken, indem man den anderen klein macht, beschimpft, demütigt. Er wird sich rächen!
3. Dem Partner Zugang zu allem gewähren (Konto, Freundeskreis, Beziehungen). So ist es möglich, Macht zu teilen.
4. Immer darauf achten, dass bei Lösungen nicht einer der Verlierer ist, sondern dass beide etwas geben und beide etwas gewinnen. Sonst empfindet einer die Lösung als Niederlage. Die Schieflage entsteht.

Nörgeleien

Christian liebt es, wenn alles seinen Platz hat. Der Kugelschreiber muss immer am Telefon liegen, die Landkarte im Wohnzimmerschrank, die Tageszeitung auf dem Küchentisch. Andrea liest die Zeitung gern im Garten, wenn sie von der Arbeit kommt, und lässt sie dort liegen. Wenn Christian nach Hause kommt, findet er sie nicht an ihrem gewohnten Platz, und es gibt Krach. «Du musst ordentlicher werden», sagt er. «Was ist denn schon dabei, wenn du den einen Schritt in den Garten gehst», entgegnet sie.

Mittlerweile ist die Stimmung aufgeheizt. Immer wieder wirft er ihr vor, unordentlich zu sein. Sie kann es nicht mehr hören. Der Satz «Du musst dich ändern» macht sie so wütend, dass sie absichtlich nicht mehr tut, was er von ihr will. «Ich bin so, wie ich bin. Du hast mich so geheiratet. Finde dich gefälligst damit ab» ist ihre gebetsmühlenartige Antwort.

Die Vorwürfe auf der einen Seite und der Widerstand auf der anderen führen auf die Dauer zu Spannungen.

Jeder will mit Haut und Haaren geliebt werden. Liebe total, mit allem Drum und Dran. Doch die gibt es nicht. Man kann dem anderen nicht in jedem Punkt gerecht werden. Aber auch wenn man ihm nicht jeden Wunsch erfüllen kann, muss man ihn nicht gleich abwerten oder lächerlich machen. Die Wünsche erst einmal ernst zu nehmen, sie anzuhören, anzuerkennen würde die Situation schon entspannen. Meist fängt der Krach bereits hier an, nicht erst bei der Ablehnung. Es ist der demütigende Umgang mit dem Problem des anderen, der Verletzungen verursacht. Muss man eigentlich das Bedürfnis des anderen erst heruntermachen, bevor man es ablehnt?

Oft stehen aber ganz andere Gründe hinter solchem Verhalten. Man reagiert ablehnend auf den Partner, weil man sich ertappt fühlt und ein schlechtes Gewissen hat. Statt sich zu wehren, sollte man den Hinweis eher als Anstoß nehmen, sich positiv zu entwickeln. Oder man ist gereizt, weil man sich in anderer Hinsicht schlecht behandelt fühlt. Man meint, man sei zu kurz gekommen, ist neidisch, beleidigt. Dann sollte man diese Dinge offen ansprechen und nicht ein anderes Thema als Vorwand benutzen.

Hinter den geäußerten Wünschen verbirgt sich häufig noch etwas anderes: Statt der konkreten Änderungswünsche will man grundlegende Eigenschaften beim Partner ändern. Er soll liebevoller, aufmerksamer, einfühlsamer werden. Doch das erreicht man nicht mit Meckern und Sticheln. Eine intensive Auseinandersetzung mit der Person und den Eigenarten erreicht man nur im offenen, sachlichen Austausch. Sonst sieht sich der andere immer sofort in die Ecke gedrängt, fühlt sich unzulänglich, ungenügend. Das tut weh! Also nimmt er eine Abwehrhaltung ein, um nicht weiter leiden zu müssen.

Beatrice F. (35), eine attraktive und beruflich erfolgreiche Kosmetikerin, erkrankte an nervösen Störungen, sodass sie zeitweise ihren Beruf nicht mehr ausüben konnte. Ihr selbstbewusster Mann hatte sie mit ständiger Kritik so eingeschüchtert, dass sie sich nichts mehr zutraute. Die immer fröhliche und positiv denkende Frau war innerhalb von fünf Ehejahren zu einem zitternden, verschüchterten Etwas geworden. Seine Methode: Er kritisierte nicht nur, sondern bestrafte ihr angebliches Fehlverhalten unverzüglich mit Liebesentzug. Sein häufigster Satz war: «So kann ich dich nicht lieben!» Doch Beatrice wollte unbedingt geliebt werden und versuchte es ihm in jedem Punkt recht zu machen. Rainer fand jedoch ständig neue Dinge, die sie nicht zu seiner Zufriedenheit erledigte. «Er hatte laufend etwas an mir auszusetzen. Mal hängte ich die Bügel nicht richtig auf, mal benutzte ich den falschen Abwaschlappen. Das Essen war mal zu lasch, mal zu würzig. Ich fing an, immer mehr an mir zu zweifeln.»

Rainer «bestrafte» sie mit tagelangem Nichtbeachten, was Beatrice jedes Mal in tiefste Verzweiflung stürzte. Je mehr sie um Beachtung warb und flehte, desto rigider ging er mit ihr um. Erst wenn sie sich ausgiebig entschuldigte und ihr Fehlverhalten zugab, gab er ihr «eine Chance».

«Das ist Psychoterror, wie er leider in vielen Ehen Alltag ist», urteilen Psychotherapeuten. Doch Beatrice, eine intelligente und lebenstüchtige junge Frau, brauchte zehn Jahre, bis sie das Spiel durchschaute. «Erst eine üble Allergie öffnete mir die Augen», erzählt sie. Die Allergie trat in dem Bereich des Körpers auf, der für Beatrice lebenswichtig war: im Gesicht. «Als Kosmetikerin stand ich mit hoch entzündetem Gesicht vor meinen Kunden. Hautärzte waren ratlos, verordnete Medikamente schlugen nicht an.» Beatrice wurde erst dann auf die wahren Ursachen ihrer unschönen Erkrankung aufmerksam, als ihr Mann zu einer vierwöchigen Motorradtour mit Freunden aufbrach. «Als ich allein zu Haus war, klangen die Entzündungen plötzlich ab. Innerhalb von wenigen Tagen war meine Haut geheilt. Ich fühlte mich wohl, traf mich mit Freundinnen, war ausgeglichen. Doch kaum kam Rainer zurück, blühte mein Gesicht erneut.» Natürlich hatte Beatrice das Haus nicht richtig aufgeräumt und nicht alle Regeln für die Gartenpflege beachtet. Es hagelte tagelang nach Rainers Rückkehr noch schwere Vorwürfe. Beatrice erkannte selber, woran die Ehe krankte. Sie brauchte keine Therapie. Im zehnten Ehejahr reichte sie die Scheidung ein. Heute, zwei Jahre später, lebt sie in einer neuen Beziehung. Ihr Hautleiden ist nie wiedergekommen.

Tipps:

1. Bevor ich eine Veränderung an den Partner herantrage, sollte ich überprüfen, ob ich damit nicht von etwas ablenken will, wofür ich selbst die Schuld trage.

2. Will man wirklich beim anderen eine Änderung erreichen, sollte man zuerst versuchen, sich selbst in ihn hineinzuversetzen. Der Wunsch bzw. die Ablehnung kann dann von beiden einfühlsamer, aufmerksamer und damit wirkungsvoller betrachtet werden, und ein Konflikt wird vermieden.

Beziehungskiller Aggression

«Du bist ein Monster, gemein und boshaft», zischt Silke (28) ihren Mann an. Die junge Frau hat sich geärgert, weil ihr Mann Heiner (32) nicht mit ihr ins Kino gehen, sondern lieber im Fernsehen ein Fußballspiel sehen wollte. Sie ist gekränkt und will Dampf ablassen. Mit wütender Miene und entsprechendem Tonfall stößt sie beleidigende Worte aus. Die Reaktion ist demgemäß. Heiner fühlt sich provoziert, versucht den Spieß umzudrehen und seinerseits Silke zu beschimpfen. «Du kannst doch nur nicht ertragen, wenn ich nicht genau das mache, was du willst.» Das will Silke nicht auf sich sitzen lassen. Es beginnt sich jene unselige Spirale zu drehen, aus der es meist kein Entrinnen mehr gibt. Jeder toppt die Vorwürfe des anderen so lange, bis einer zu weinen beginnt oder einfach aus dem Zimmer läuft. Aus!

Viel besser wäre es, wenn sich ein Partner rechtzeitig gegen die Aggressionen des anderen abgrenzt. «Hör bitte auf! Das tut mir weh!» Auf so eine Aussage wird kaum jemand etwas Herabsetzendes antworten. Meist setzt dann Schweigen ein. Die beste Voraussetzung für einen Neubeginn.

Aggressionen kann man also aus dem Weg gehen, indem man vermeidet, den anderen herabzusetzen, schlecht dastehen zu lassen und zu behandeln, als wäre er moralisch oder geistig minderbemittelt.

«Würdest du vielleicht einmal auf deinen blöden Fußball verzichten und etwas mit mir unternehmen!» Solche ironisch verpackten Aggressionen führen Silke nur in die Sackgasse. Sie sind gespickt mit versteckten Angriffen und führen zwangsläufig dazu, dass Heiner glaubt, sich wehren zu müssen. Besser wäre es, wenn Silke ihren Wunsch in den Mittelpunkt ihrer Aussage stellen würde. «Ich habe mir schon lange gewünscht, etwas mit dir zu unternehmen, und mich sehr auf den Abend gefreut.» Hierauf kann niemand mit Aggressionen reagieren, sondern es muss zumindest eine verständnisvolle Reaktion kommen. Sie könnte folgendermaßen lauten: «Das habe ich nicht so gesehen. Tut mir Leid. Aber dieses Spiel ist besonders wichtig. Könnten wir den Kinobesuch nicht auf morgen verschieben?» In so einem Dialog bewahren beide ihre Interessen, jedoch unter Verzicht auf unsinnige Wortgefechte. Die Intimität bleibt erhalten, wird sogar vertieft.

Aggressionen wirken deshalb in Beziehungen so zerstörerisch, weil sie nicht für die Sache, sondern gegen den Partner eingesetzt werden. Es sind die Abwertungen und Indirektheiten, die den anderen verletzen und wütend machen.

Warum werden in so vielen Partnerschaften Dialoge mit Abwertungen garniert? In der Regel ist es ein Mangel an Selbstwertgefühl, der zu zerstörerischen aggressiven Bemerkungen führt. Wenn ich etwas von mir halte, brauche ich den anderen nicht klein zu machen, sondern kann einen Dialog auf gleicher Ebene führen.

Tipps: Immer die eigenen Wünsche und Bedürfnisse schildern, niemals abwertende Äußerungen über den Partner einbauen. Abwertungen führen niemals zum gewünschten Ergebnis, sondern nur zu einer Gegenabwertung.
Ironie, Zynismus oder bewusst geheuchelte Freundlichkeit fördert nur die Eskalation. Das Gespräch ist kaputt. Aus der Diskussion wird ein Streit, und die Aggressionen nehmen überhand.

Flaute im Ehebett

Susanne (45) und Lothar (43) sind ein Bilderbuchpaar. Sie ist eine hoch gewachsene Blondine mit schulterlangen Haaren, er ein drahtiger Sportlertyp mit dunklem Lockenkopf. Lothar ist erfolgreicher Versicherungsmakler. Susanne arbeitete als Grafikerin in einem gut gehenden Werbebüro. Als sie sich in einem Bistro kennen lernten, stimmte sofort die erotische Chemie zwischen ihnen. «Lothar trug ein kurzärmeliges Poloshirt. Das Muskelspiel seiner Arme machte mich schier verrückt», erinnert sich Susanne. Auch Lothar war von Susanne sofort erotisch angezogen. «Sie hat Endlos-Beine und makellose Zähne. Beides fiel mir sofort auf, und ich konnte den Blick nicht mehr von ihr abwenden.»

In den ersten Wochen bestimmten sexuelle Funkenspiele ihr Leben. Dann zogen sie zusammen und verbrachten «einen Winter fast ausschließlich im Bett», wie Susanne lachend erzählt. Doch die prickelnde Sexualität endete spontan mit der Geburt von Söhnchen Paul. Das war vor zwei Jahren. Seitdem herrscht die große Sexflaute im Ehebett. Woran liegt's? Susanne weiß die Antwort sofort: «Ich hätte nie gedacht, dass ein Baby so stressen kann. Die ersten Monate habe ich Babypause gehabt und mich nur um den Kleinen gekümmert. Abends war ich ausgepowert. Hausarbeit kannte ich bisher gar nicht. Ich war total überfordert. Oft saß ich am Bügeltisch in einer chaotischen Küche und war den Tränen nahe. Nach heißen Liebesspielen stand mir nun wirklich nicht der Sinn.»

Seit Susanne wieder berufstätig ist, zehrt an ihr die Dreierbelastung durch Job, Kind und Haushalt. Selten kommt sie vor Mitternacht ins Bett. An Sex mag sie dann auch nicht mehr denken. Lothar ist es leid, immer nur abgewiesen zu werden. Er unternimmt nichts mehr, um das eingeschlafene Sexleben wieder auf Touren zu bringen. Aber tief in ihm bohrt der pure Frust. «Da liegt so ein Superweib neben einem, und nichts passiert. So habe ich mir eine Ehe nicht vorgestellt», jammert er. Mittlerweile denkt er sogar schon an Trennung. «Ich bin sowieso nur noch das fünfte Rad am Wagen. Wenn kein sexuelles Interesse mehr füreinander da ist, kann man doch gleich getrennte Wege gehen.»

Vielen Ehepaaren geht es so wie Susanne und Lothar. Körperliche oder seelische Störungen spielen selten eine Rolle, wenn es im Bett nicht mehr klappt. Meist geht es um ein «lustfeindliches» Leben, in das man geschlittert ist und das einem den Spaß an der Liebe nimmt. Stress, Sorgen, Arbeitsüberlastung lassen keinen Raum mehr für Zärtlichkeit und körperliches Verlangen.

Oft reicht schon die gemeinsame Wohnung, um der sexuellen Spannung den ersten Dämpfer zu geben. Aus dem knisternden Abenteuer wird ein Stückchen Normalität.

Bei Frischverliebten lebt jeder noch in seiner eigenen Welt. Man begegnet sich ein bisschen wie Fremde. Das ist faszinierend und erregend. Wenn man erst zusammengezogen ist, lässt die Spannung schnell nach. Man fühlt sich einander vertraut, lernt sich besser kennen. Das, was früher neugierig auf den anderen machte, ist jetzt schon altbekannt. Genau die Dinge, die eine Liebe und Sexualität schöner, inniger, erfüllender machen, können aber auch langweilen und abstumpfen. Deshalb sollte man sich in der Partnerschaft immer ein Stückchen Eigenleben erhalten. Es macht einen Menschen reizvoller, wenn er nicht in jedem Punkt durchschaubar ist, sondern noch etwas hat, was man erkunden kann.

Eigene Interessen, ein eigener Freundeskreis, eigene kreative Ideen und Pläne sind also wichtige Voraussetzungen für eine Ehe. Ein Verlust an Eigenständigkeit führt zu einem Eheeinerlei, in dem die Leidenschaft schnell erlischt.

Das kann sich wie bei Susanne und Lothar durch die Geburt eines Kindes noch verstärken. Susanne sieht sich nicht nur noch als Mutter, aber sie kommt aus der Rolle nicht mehr heraus. Für sie als Frau bleibt kein Raum. Sie hat keine freie Minute mehr, ihr Leben ist von früh bis spät verplant. Für Verweilen, Muße, Nichtstun bleibt keine Zeit. Aber genau das braucht die Liebe, um sich entfalten zu können. Männer können Sex manchmal noch abarbeiten wie einen festen Termin. Frauen brauchen emotional andere Voraussetzungen, um sich fallen zu lassen. Wenn sie die nicht mehr finden, lassen sie es lieber ganz. Die Lust am Sex stirbt. Der Mann ist frustriert.

Bei nichtberufstätigen Müttern mit mehreren Kindern kann sich leicht eine innere Distanz zum Mann aufbauen. Sie leben in ihrer Welt, der Kinderwelt, während der Mann im Beruf aufgeht. Nach einiger Zeit hat man sich nichts mehr zu sagen. Der Dialog schläft ein. Beide leben nebeneinander her, jeder für sich in seiner Welt. Die Werte, die sie ihren Kindern vermitteln will, hat er in seiner Berufswelt womöglich längst aufgegeben. Sie verstehen einander nicht mehr. Es entsteht eine Fremdheit, aber ohne positive Spannung wie am Anfang, eher mit einer negativen Spannung, die durch innere Ablehnung geprägt ist. Sexualität hat da keinen Nährboden mehr.

Tipps: Die erste Aufgabe besteht darin, im Alltagstrubel Inseln der Muße, der Zusammengehörigkeit und des Austausches zu schaffen. Sexualität ist dabei zweitrangig. Es geht darum, erst einmal ein ruhiges, erfüllendes Miteinander zu schaffen, in dem Gespräche wachsen können, in dem Freude und Entspannung dominieren. Das berühmte Kerzenscheindinner lässt dabei auch sexuelle Phantasien aufkommen. Plötzlich sieht man den Partner nicht nur in der angestammten Rolle, sondern wieder aus einer anderen Perspektive, lernt ihn neu kennen und kann ihn wiedererobern.
Hilfreich für diese Entwicklung ist es, sich ab und zu mal in den Alltag des Partners hineinzuversetzen. Wie lebt er? Was muss er leisten? Wie ist sein Tagesablauf? Aber auch: Was gebe ich ihm? Wie kann ich ihn unterstützen?

Unfaire Arbeitsteilung

Unsere Gesellschaft setzt heute die Gleichberechtigung von Mann und Frau voraus. Frauen «dürfen» alles: arbeiten, Hausfrau sein, Job und Kinder miteinander verbinden. Sie haben die gleichen Verwirklichungs- und Entfaltungsmöglichkeiten wie die Männer, können im Beruf Karriere machen und in Politik und Wirtschaft Spitzenpositionen besetzen.

Doch spätestens wenn Kinder da sind, sieht die Realität anders aus. Der Mann verdient in vielen Fällen immer noch das Geld. Er definiert sich nach wie vor über den Beruf. Die Frau, die eine Geschäftsreise antritt und die Kinder bei einer Betreuung lässt, gilt hingegen als «Rabenmutter». Alles, was über die pure Ernährungsaufgabe hinausgeht, wird ihr angelastet. Eine Frau darf arbeiten, wenn es dem Unterhalt dient, weil sie allein erziehend ist, der Ehemann krank oder vorübergehend arbeitslos ist und deshalb als Versorger ausfällt. Aber arbeiten, um sich zu verwirklichen, aus Interesse oder Spaß – nein, das steht ihr nicht zu. Was soll denn aus den Kindern werden? Die Frau ist also nach wie vor für die Familien- und Erziehungsaufgaben zuständig. Wenn es mit den Kindern nicht klappt, hat die Frau Schuld. Wenn er seine Arbeit nicht schafft, hat sie es ihm zu Hause nicht nett gemacht. Aber wenn sie sich verheizen lässt, hat sie selber Schuld.

Auch heute klafft also zwischen Beziehungsideal und Beziehungsrealität noch eine große Lücke. Während die Männer unsicher schweigen und das Thema zu umgehen versuchen, sprechen es Frauen in den Ehen immer öfter an. «Du kümmerst dich um nichts» meint, dass sie für Arbeit, Kinder, Job, Haushalt, Hund, Garten verantwortlich ist, er dagegen nur die monatliche Überweisung leistet. Er macht seinen Job, sie macht alles andere – und ihren Job noch dazu.

«Zu Hause lässt er sich versorgen und bedienen. Er kommt gar nicht auf die Idee, mir auch mal ein Butterbrot zu schmieren oder mir eine Tasse Tee zu kochen. Ich komme abends todmüde aus der Firma, mache wie selbstverständlich mit den Kindern Schularbeiten, stecke die Wäsche in die Maschine, bügle. Er sitzt vorm Fernseher oder pflegt sein Vereinsleben. Wenn ich dann schimpfe, heißt es nur: ‹Du musst ja nicht arbeiten›», beklagt sich Heidrun (45), eine Kosmetikerin, die mehr als zehn Stunden täglich schuftet. Ihr Mann Ernst (39), ein angestellter Kaufmann, nimmt zwar gern an, dass sie sich die finanzielle Versorgung für die Familie teilen. Dann bleibt wenigstens noch Geld für sein teures Hobby, das Tennisspiel. Aber er denkt gar nicht daran, sich die häuslichen Aufgaben mit ihr zu teilen. Alltag in Deutschland!

Frauen haben aber erkannt, dass sie eine Mehrleistung für die Familie erbringen müssen, weil der Mann eine Minderleistung zeigt. Ihre Karrierepläne gehen häufig im Küchendampf auf. Sie rütteln an der Festung Mann, die sich nur auf den Beruf fixiert, und werfen den Männern vor, einseitig, unflexibel und emotional abgestumpft zu sein. Vorwürfe, die Männer in ihren Grundwerten erschüttern und mit denen sie gar nicht umgehen können. Man hat ihnen nichts anderes beigebracht. Dass das jetzt infrage gestellt wird, können sie nicht verstehen. Eigentlich sind die Männer in derselben Lage wie die Frauen: eingeengt auf eine Rolle, unfähig, daraus auszubrechen. Wie ist denn die Akzeptanz eines Hausmannes? In der Regel wird er doch von seinen Geschlechtsgenossen belächelt. Die Männer machen in dem Punkt das durch, was mit der Frauenbewegung schon vor vierzig Jahren begonnen hat: den Prozess der Anerkennung von Mann und Frau in verschiedenen Rollenmustern.

Das Problem betrifft also beide Geschlechter. Deshalb sollte man es auch gemeinsam angehen. Doch hier stehen uralte Rollenbilder im Weg.

So steuert nach wie vor das Bild des Jägers, der draußen in der Wildnis Tiere erlegt und damit das Auskommen seiner Familie sichert, das Verhalten heutiger Männer. Aber auch Frauen tendieren eher dazu, sich in der Hütte fürsorglich um die Brut zu kümmern und den Männern am wärmenden Feuer den Rücken freizuhalten, als sich in der unwirtlichen Wildnis durchzusetzen. Daraus folgt: Männer sind für das Kampffeld Beruf geboren, Frauen für die Familie. Das führt dazu, dass Männer die Berufstätigkeit von Frauen als Hobby abwerten, Frauen sich in Erziehungsfragen für kompetenter halten und die Männer in dieser Hinsicht gar nicht ernst nehmen. Im Grunde blockieren sich beide Geschlechter gegenseitig.

Das aufzubrechen ist ungeheuer schwer. Bei berufstätigen Paaren ohne Kinder funktioniert es noch recht gut. Aber sobald Kinder dazukommen, verfallen selbst Paare, die sich vorgenommen haben, niemals so zu enden, in die alten Rollenmuster. Änderungen gehen also nur, wenn man ständig überdenkt, was man warum tut, und «seine» Rolle immer wieder infrage stellt.

Wir müssen akzeptieren, dass unsere Gesellschaft sowohl in der Familie als auch in der Arbeitswelt männliche und weibliche Elemente braucht. Kinder brauchen Väter, nicht nur als Ernährer, sondern als wichtigen gegenwärtigen Bestandteil der Familie. Vater-Mutter-Kind heißt das anzustrebende Familienmodell. Aber damit ist kein Vater gemeint, der abends die Nachttischlampe ausmacht und ansonsten nicht sichtbar ist. Seit die Industrialisierung unsere Gesellschaft revolutioniert hat, ist der Vater aushäusig tätig, das heißt nicht mehr Bestandteil der häuslichen Welt. Nur deshalb reduziert sich alles auf die Mutter. Früher, in der Großfamilie, als Landwirtschaft die Familie bestimmte, war das Arbeitsfeld zu Hause, der Vater präsent.

Gleichzeitig ist in der Arbeitswelt die emotionale Intelligenz der Frauen gefragt. In immer mehr Führungsetagen werden Positionen bewusst mit Frauen besetzt, weil ihre integrativen Stärken gut fürs Betriebsklima sind. Frauen lösen Probleme anders, mehr aus dem Bauch heraus. Das lernen Firmen schätzen. Firmen, in denen Frauen «das Sagen» haben, leisten Hervorragendes in Sachen «Teilzeit-Modelle» und «Mobilität».

Frauen wissen, was Doppelbelastung heißt, und gehen damit anders um. Sie beziehen die Familie in die Arbeitswelt mit ein, während Männer weiterhin meist versuchen, Beruf und Familie zu trennen. Aber sie haben begriffen, dass man das Thema nicht mehr loswird. Sie werden sich den Herausforderungen stellen müssen. Wichtig: sich Zeit nehmen für den Partner. Gefühle brauchen Zeit und Nähe, damit sie wieder wachsen können.

Tipps: Jeder sollte mal aufschreiben, welche Aufgaben er erledigt. Später die Listen vergleichen.
Hilfreich ist es, wenn jeder Ehepartner eine halbe Stunde Zeit hat, seine Sorgen und Unzufriedenheiten zu schildern. Unterbrechungen, Gegenfragen, Hinweise sind nicht erlaubt. Einfach nur zuhören und sich in den anderen hineinversetzen. Später wird gewechselt, und der Partner darf sich seine Wünsche, den Frust und die Sorgen von der Seele reden. Danach

wird das Thema nicht mehr angeschnitten. Es muss sich bei beiden erst setzen. Am nächsten Tag sollte man darüber sprechen, offen ansprechen, was die Hinweise in einem ausgelöst haben.

Schlüpfen Sie in Ihrer Phantasie doch mal in die Rolle des anderen und erzählen Sie, was Sie besser machen würden. Der Mann als Hausmann, die Frau im Job. So versteht jeder, in welcher Vorstellungswelt der Partner lebt. «Sag doch dem Chef die Meinung. Lass dir nichts gefallen. Dem Kollegen würde ich erst mal schreiben, wie blöd er sich verhält», könnte sie sagen. Er hätte jede Menge Tipps für den Haushalt parat, würde alles umstrukturieren und ihr genau erklären, warum sie sich mit bestimmten Dingen viel zu lange aufhält. Kurzum: Er wüsste alles besser. Sie könnte dann klarstellen, warum seine Verbesserungsvorschläge nicht greifen. Wenn so eine Debatte zwar kontrovers, aber fair geführt wird, kommen beide in ihren Erkenntnissen ein Stückchen weiter.

Eifersucht

«Eifersucht ist eine Leidenschaft, die mit Eifer sucht, was Leiden schafft.» Eine Volksweisheit, die den Kern des Problems trifft. Der Eifersüchtige scheint süchtig zu sein nach dem Schmerz, denn er steigert sich derart in dieses Gefühl hinein, dass man glauben könnte, er suche es förmlich. Viele Ehepartner machen sich so das Leben schwer.

Doch Eifersucht ist auch nicht von der Liebe zu trennen. Heike (25), eine bildhübsche Krankenschwester, hat auf den wochenlangen Dauerflirt ihres Ehemannes Werner (34), eines Stationsarztes, mit einer Patientin gelassen reagiert, nur gefragt: «Und, gefällt sie dir? Ich finde sie auch sehr nett!» Eine Aussage, die Werner stutzig machte. Er hatte regelrecht darauf gewartet, dass Heike ihm eine Szene machte, als sie ihn mit der Patientin in seinem Büro überraschte. Heraus kam: Heike hatte längst einen anderen. Die Ehe war kaputt. «Für mich war ihre Gelassenheit wie eine Alarmlampe. Früher, als wir noch glücklich miteinander waren, hat sie mich nämlich immer genau kontrolliert. Als das weg war, wusste ich, dass Heike zumindest innerlich auch weg war.»

Natürlich wünschen sich manche so eine entspannte Reaktion wie die von Heike auch von ihrem Partner. Aber was würde man davon halten? Vermutlich würde jeder stutzig werden. Denn Eifersucht ist ein Barometer der Liebe. Sie schützt vor Abnutzung und Gewohnheit, vor dem drohenden Verlust von Intimität. Von der Liebe zwischen Mann und Frau erhoffen sich beide Partner etwas Einmaliges, Geschütztes, Unzugängliches. Sie suchen einen abgeschlossenen Raum von Intimität und Zugehörigkeit, der nur ihnen gehört. Wenn man mit ansehen oder auch nur befürchten muss, das dieses Geben und Nehmen, dieser geschlossene Kreis von einem Dritten gestört wird, reagiert man mit Ärger, Wut, Verzweiflung – Gefühle, die die Eifersucht ausmachen.

Wer sich also die Eifersucht «abgewöhnen» will, gewöhnt sich auch die Liebe ab. Statt wegzugucken, so zu tun, als ob nichts passiert sei, und das aufkommende Leid «herunterzuschlucken», ist es besser, sich mit dem Partner auseinander zu setzen. Doch Eifersucht kann auch zerstörerisch sein. Erkennbar ist das, wenn sie in erster Linie nicht auf Tatsachen, sondern auf Vorstellungen fußt.

Gerd (52), ein erfolgreicher Unternehmer, unterstellte seiner jungen, gut aussehenden Frau Nina (42), ständig «Signale» an andere Männer auszusenden. Wenn sie den Kellner harmlos anlächelte, wollte sie seiner Ansicht nach mit ihm ins Bett. Wenn sie mit einem Kollegen am Telefon sprach, machte sie ihm seiner Meinung nach Hoffnungen. Ein zu nett ausgesprochenes Dankeschön zum Tankwart zog eine stundenlange Diskussion nach sich. Mit Fragen wie «Warum hast du das gesagt? Das machst du doch sonst nie?» quälte er sie so lange, bis ihr die Tränen kamen.

Bei Friseurbesuchen bohrte er nach, ob ihr ein Mann die Haare geschnitten habe. Bei anstehenden geschäftlichen Terminen versuchte er vorab herauszukriegen, wie alt der Gesprächspartner war. Wenn Nina zurückkam, drangsalierte er sie mit Unterstellungen. «Du wolltest nur den Termin wahrnehmen, um den Kerl kennen zu lernen», oder: «Du hättest mit der Bahn fahren können. Warum hast du das Flugzeug genommen? Warst du mit jemandem verabredet?»

Nina, absolut treu, traute sich kaum mehr aus dem Haus. Um nicht ständig Krach zu haben, begann sie, ihm nicht mehr die Wahrheit zu sagen. Normalerweise hätte sie sorglos erzählt, dass ein Kollege sie zum Kaffee eingeladen hat. Doch da sie wusste, was sie erwarten würde, begann sie solche Treffen zu verschweigen. Massagetermine erwähnte sie nicht mehr, sondern sagte Gerd, dass sie zum Einkaufen ginge. Aus Angst und Verzweiflung redete sie sich immer öfter heraus. Es kam, was kommen musste: Gerd ertappte sie einmal bei der Flunkerei. Das Ergebnis war ein zweiwöchiger Dauerstreit und sein Auszug aus der ehelichen Wohnung. Die beiden versöhnten sich. Doch danach wurde es noch schlimmer. Gerd fühlte seine schlimmsten Verdächtigungen bestätigt. Sie hatte ihn angelogen, würde es wohl immer tun. Er begann sie zu verfolgen, bat Bekannte, ihr nachzuspionieren, ja setzte sogar einen Privatdetektiv auf sie an. Nina war vom Dauerstress so belastet, dass sie schwere Allergien bekam. Schließlich brach sie auf der Arbeitsstelle mit einem Weinkrampf zusammen, weil Gerd sie am Firmentelefon fast 60 Minuten lang «verhört» hatte. Er wollte wissen, warum sie nach dem Besuch im Fitness-Studio noch mit ihrer Freundin ein Bier getrunken hatte. «Wo warst du? Wer hat dich außer Katrin noch begleitet? Warum hast du mir nicht gleich erzählt, dass du noch etwas vorhast? Kann es sein, dass du mir dieses Treffen bewusst verschwiegen hast? Also sag die Wahrheit, wo warst du wirklich?»

Nina, die tatsächlich nur ein Bier getrunken hatte, konnte nicht mehr. Zwei Wochen musste sie in eine Klinik. Selbst am Krankenbett reagierte Gerd giftig, weil Nina «zu lange und zu intensiv» mit dem Arzt gesprochen hatte.

Wenige Tage nach ihrer Entlassung hat sie sich von Gerd getrennt. Doch noch aus der Distanz wollte Nina ihre Ehe retten, indem sie Gerd bat, eine Therapie zu machen. Aber das lehnte er brüsk ab und beschimpfte sie als Flittchen mit nymphomanen Zügen.

Ein aussichtloser Fall. Nina ist mittlerweile glücklich als Single. «Acht Jahre Dauerstress mit einem krankhaft Eifersüchtigen haben mir jeden Glauben an eine funktionierende Partnerschaft genommen. Ich brauche erst mal Zeit für mich. Das war zu schlimm», sagt sie. Gerd ist wieder liiert. Seine neue Freundin ist so jung wie Nina. Auch sie darf keinen Schritt ohne ihn machen. Er sagt: «Ich denke, dass sie mir treu ist. Aber sicher sein kann man sich ja nie.»

Doch! Man muss sich sogar sicher sein. Sonst schlittert man in die unausweichliche Trennung wie Gerd und Nina.

Fatale Phantasiegebäude können also zum Ende der Beziehung führen. Aus nichtigen Tatsachen werden Ehebrüche konstruiert. Häufig suchen die angeblich Betrogenen akribisch nach Beweisen, denken in harmlose Begebenheiten wilde Sexabenteuer hinein. Hier sprengt die Eifersucht den Raum des «Normalen». Wer so denkt, quält sich selbst am meisten. Viele kommen aus der Eifersuchtsfalle allein nicht mehr heraus. Sie brauchen medizinische Beratung.

Bei Männern kommt zur Eifersucht, die mit zwanghaften Phantasien einhergeht, oft die Neigung zur Gewaltanwendung. Die Frau wird «bestraft», soll aber gleichzeitig «mit Gewalt» festgehalten werden. Ein Eifersüchtiger verliert schnell die Kontrolle über sich, weint, schreit, zerstört. Doch wer schlägt, will Macht ausüben, den Partner besitzen. Das tötet jede Liebe. Auch hier ist meist nur ein Gang zum Therapeuten eherettend.

Die Ursachen solcher krankhaften Eifersuchtsreaktionen liegen häufig in der Vergangenheit. Viele Menschen, die so heftig reagieren, sind als schon Erwachsene betrogen worden. Aber auch Kindheitserfahrungen wie ein liebloses Elternhaus, Liebesentzug als Erziehungsmittel oder Verlustängste durch den frühen Tod eines Elternteils können ursächlich sein. Bei manchen macht sich aber auch das persönliche Verhalten bemerkbar. Sie neigen selbst dazu, jeden Flirt mitzunehmen, sind einem Seitensprung nicht abgeneigt. Weil sie so fühlen und handeln, mit ihrer Gefühlswelt selbst nicht im Reinen sind, unterstellen sie das auch dem anderen. Verwicklungen sind unausweichlich.

Tipps: Eifersucht als Gefühl in einer Liebe und Ehe grundsätzlich zulassen. Wenn sie völlig unbegründet ist, hilft nur Gedankendisziplin.
Überprüfen Sie sich ständig, ob Ihre eifersüchtigen Gedanken nur konstruiert sind oder ob Ihnen der Partner wirklich Anlass dazu gibt. Versuchen Sie es mit strikter Gedankendisziplin. Sowie Sie beginnen, sich Alltagssituationen auszuschmücken, das heißt sich vorzustellen, wie Ihr Partner gerade beim Brötchenkaufen die Liebe seines Lebens trifft, sagen Sie «Halt!». In diesem Stadium kann man die Gedanken noch vertreiben. Lenken Sie sich mit Musik oder einem Telefonat ab. Übung macht hier den Meister. Regelmäßig trainiert, bringt es Linderung.
Für den Partner gilt: jegliches Provozieren vermeiden. Der Eifersüchtige leidet selbst am meisten. Wenn man ihn liebt, sollte man ihm nicht wehtun.

Alkohol

Der Alkohol ist immer da. Er bestimmt ihre Gedanken. Schon beim Frühstück geistert er durch ihren Kopf. Abends geht sie damit ins Bett. Wie ein dunkler Schatten hat er sich über ihr Leben ausgebreitet. Alles dreht sich nur noch um die Sucht – seine Sucht. Denn Elfi (52) trinkt selbst keinen Tropfen. Abhängig ist ihr Mann. Er kommt vom Alkohol nicht los und sie nicht von ihm.

Fast zehn Millionen Deutsche trinken laut Jahresbericht 2000 des Bundesministeriums für Gesundheit zu viel. Fast zwei Millionen Menschen gelten bei uns als alkoholabhängig. 50 000 gehen daran Jahr für Jahr zugrunde. Der volkswirtschaftliche Schaden der Sucht ist nicht berechenbar.

Meist trudeln die Betroffenen schleichend in die Sucht. Partnerschaften sind den Belastungen nur selten gewachsen. Fast 80 Prozent der Alkoholkranken leben allein. Doch bis es zur Trennung kommt, haben die Angehörigen schon selbst schwere gesundheitliche und seelische Schäden erlitten. Besonders Frauen werden durch die Alkoholsucht ihres Partners ebenfalls krank. Koabhängigkeit nennen das die Psychologen. Frauen, die jahrelang mit einem Alkoholiker zusammenleben, sind in ihrem Denken, Handeln und Fühlen ganz auf den Partner und seine Sucht fixiert. Die Folge: Sie werden krank, bekommen psychosomatische Beschwerden wie Rücken-, Magen- oder Kopfschmerzen. Sie leiden an Schlaf- und Essstörungen, an Herzproblemen und Depressionen.

Elfi litt seit vielen Jahren an Bluthochdruck. Die hübsche Ehefrau eines erfolgreichen Versicherungsleiters musste ständig blutdrucksenkende Mittel nehmen. «Früher hatte ich immer einen niedrigen Blutdruck», stellt sie ratlos fest. «Aber seit einigen Jahren wird es immer schlimmer. Ich muss sogar meinen geliebten Kaffee stehen lassen.»

Elfis Leben scheint auf den ersten Blick völlig sorgenfrei zu sein. Klaus (52) ist ihr zweiter Mann. Seit 16 Jahren ist sie mit ihm verheiratet. Beide haben zwei inzwischen erwachsene Kinder in die Ehe gebracht.

«Super gelungen. Wir sind stolz auf sie», sagt Elfi. Das Verhältnis zu den Kindern und den angeheirateten Schwiegerkindern ist herzlich. Seit einem Jahr ist Elfi auch Oma. Klaus hat in den letzten Jahren eine grandiose Karriere gemacht. Nachdem sie sich im Kölner Raum eine schicke Villa mit Schwimmbad kaufen konnten, haben sie sich jetzt sogar ihren Traum, ein Ferienhaus in Spanien, erfüllt. Sie haben sich ein Boot gekauft und fliegen zweimal im Monat ans Mittelmeer. Klaus vergöttert seine Frau, trägt sie sichtlich auf Händen. «Materiell fehlt es mir an nichts», sagt sie ehrlich. «Klaus würde nie etwas sagen, selbst einen Kaufrausch nähme er kommentarlos hin. Ich kann mir wirklich jeden Wunsch erfüllen.» Eine Frau, die auf der Sonnenseite des Lebens steht.

So denken zumindest Familie und Freunde. Woher Elfi ihr Blutdruckproblem hat – keiner hat eine Vermutung. Doch die Wahrheit kommt ans Licht, als Klaus in einem Seminar plötzlich am Rednerpult zusammenbricht. Elfi, die wie immer in der ersten Reihe sitzt, springt sofort auf, organisiert seinen Abtransport in ein Krankenhaus. «Es ist sein Magen. Damit hat er immer Probleme!», ruft sie den besorgten Kollegen und Mitarbeitern zu. Im Krankenhaus sitzt sie im Sprechzimmer des Arztes. «Wie lange soll das noch so gehen?», fragt sie schluchzend. «Ich kann nicht mehr. Ich würde alles darum geben, wenn ich wegkönnte.»

Klaus ist stark alkoholabhängig. Er vertuscht dies, denn in seinem seriösen Arbeitsumfeld könnte er ansonsten nicht überleben. Als selbständiger Unternehmer und Vorgesetzter von über 1000 Mitarbeitern ist er die Triebfeder zum Erfolg der Firma. Ohne sein Engagement stimmten die Umsätze nicht mehr, wären auch seine finanziellen Reserven schnell erschöpft. Selbst im Urlaub ist sein Handy immer angeschaltet. «Ich muss erreichbar sein», sagt er noch im Krankenzimmer. Elfi versteht das. «Ohne ihn läuft nichts», erklärt sie. Vor zehn Jahren kam der Erfolg. Anfangs begoss Klaus jeden guten Abschluss mit einer Flasche Champagner. Natürlich lud er die engsten Mitarbeiter dazu ein. Später trank er auch abends mit seiner Frau noch ein Glas. Als der berufliche Druck immer größer wurde, gönnte er sich zwischendurch beim Mittagessen schon mal ein paar Bier.

Weil der Geruch unangenehm auffiel, bevorzugte Klaus schließlich Wodka. «Das Zeug entspannt mich», sagte er seiner Frau, wenn er abends nochmal zur Flasche griff. Seit fünf Jahren gibt's schon ein Glas zum Frühstück. Weil Elfi ihm Vorhaltungen machte, fing er an, erst auf der Fahrt ins Büro einen Schluck aus der Flasche zu nehmen. Er fuhr immer schnell an den Straßenrand und leerte die kleinen Flachmänner in einem Zug. Im Büro hatte er eine mit Wodka gefüllte Mineralwasserflasche und schenkte sich mehrmals am Tag nach. Wenn er abends geschafft nach Hause kam, kuschelte er sich an Elfi und schlief ein. Sie war nur mäßig besorgt. Erst als er nicht mehr schlief, sondern weitertrank, wurde sie wach. «Er kam um acht nach Hause, aß nichts mehr, sondern ging gleich an den Getränkeschrank. Der Rest des Abends bestand aus unsinnigen Gesprächen. Er schüttete sich so zu, dass man kein normales Wort mit ihm wechseln konnte.» Dabei blieb es nicht.

Auch auf den Veranstaltungen sah ihm Elfi an, dass er «getankt» hatte. «Die Mitarbeiter bekamen das nicht so mit. Aber ich wusste genau, warum er so oft auf die Toilette musste. Er nahm jedes Mal ein paar kräftige Schlucke.»

Dann kam der erste Zusammenbruch: Magengeschwüre, Herzrhythmusstörungen, erste Anzeichen einer Leberschädigung. Die Ärzte warnten: Er muss aufhören. Sonst drohten ernsthafte Störungen. Elfi schlug eine Therapie vor. Klaus lehnte ab. Dann wieder ein Zusammenbruch. Wieder Klinik. Wieder Warnungen. Damals bekam Elfi zum ersten Mal diese Hitze. Ihr Herz polterte. Sie fasste sich an den Hals, bekam keine Luft mehr. «Passen Sie lieber auf sich auf», rieten die Ärzte im Krankenhaus. Elfi verstand den Hinweis nicht. Ihre Gedanken waren bei Klaus. Sie redete nächtelang auf ihn ein. Er schwor Besserung. Doch bereits wenige Stunden später war das Bett neben ihr leer. Sie ertappte Klaus im Badezimmer. Er hatte die Flasche in der Hand. Elfi bekam Schlafstörungen. Sanfte Mittel schlugen nicht an. Seitdem schluckt sie Abend für Abend starke Schlafmittel. Mittlerweile braucht Elfi auch tagsüber Beruhigungsmittel. Sie ist kaum mehr in der Lage, etwas zu unternehmen. «Ich habe immer Angst, dass ihm etwas passiert. Deshalb halte ich mich überwiegend zu Hause auf. Ich will, dass ich erreichbar bin. Wenn er zusammenbricht und ihn jemand findet, wird er nicht auf Alkohol tippen. Aber ich kann den Ärzten sofort Hinweise geben, was ihm fehlt.»

Aus Sorge um Klaus hat Elfi ihren kompletten Freundeskreis aufgegeben. Sie geht nicht mehr zum Sport. Am wohlsten fühlt sie sich in Spanien. Aber sie traut sich nicht, längere Zeit dort zu bleiben. «Wer kümmert sich denn dann um Klaus?», fragt sie besorgt. Sie hofft, dass er unter ihrem Einfluss langsam von der Sucht loskommt. Doch im Grunde ihres Herzens weiß sie, dass das hoffnungslos ist. Erst kürzlich hat er eine Therapie abgebrochen. Elfi ist längst verzweifelt. Sie weint viel. «Jeder Rückfall, und das ist mittlerweile fast wöchentlich, macht mir klar, dass ich so nicht mehr leben kann. Dann überlege ich, wie meine Zukunft aussehen könnte. Aber ich habe keine Arbeit. Aus meinem Beruf als Kosmetikerin bin ich zu lange heraus. Mir fällt auch nicht ein, was ich sonst tun könnte.» Langsam fühlt Elfi nicht nur Liebe und Verständnis für Klaus. «Ich beginne mich vor ihm zu ekeln», sagt sie leise. «Der Geruch nach Alkohol, das dumme Geschwätz, ich mag es nicht mehr. Früher wollte er noch volltrunken mit mir schlafen. Das war furchtbar. Mittlerweile hat er begriffen, dass ich das nicht mehr mitmache. Glücklicherweise ist er ja betrunken friedlich. Aber auch das kann ich nicht mehr ertragen. Ich wünschte oft, ich könnte meinen Koffer packen und einfach verschwinden. Aber wohin bloß. Manchmal bereue ich, dass ich ihn geheiratet habe. Der Alkohol hat nicht nur ihn und unser Leben zerstört, er zerstört auch mich.» Neuerdings ist Elfi abgemagert. Ihre Haut ist matt und fad. Sie hat nur noch selten die Kraft, das Haus zu verlassen. Ärzte haben geraten, zu gehen. Sie sagt: «Noch ein Rückfall. Dann gehe ich wirklich.»

Wie bei Elfi kann man bei fast allen Familienangehörigen von Alkoholikern deutliche Symptome der Koabhängigkeit feststellen. Es gibt Mittrinker, die aus Liebe oder Schwäche selber in die Abhängigkeit trudeln. Der Rest gerät in einen Kreislauf aus Heimlichtuerei, Vertuschung und Leiden. Alkoholismus hat Auswirkungen auf den Alltag. Alkoholkranke werden unzuverlässig und gleichgültig. Sie setzen sich nicht mehr für die Arbeit oder ihre Hobbys ein. Was zählt, ist nur noch die Befriedigung der Sucht. Der Alkohol wird eben «zum besten Freund». Arbeitslosigkeit und finanzielles Desaster sind die Folge. Leidtragende sind die Ehepartner und Kinder. Dazu kommen unkontrollierte Aggressionen. Gewalt ist bei vielen Familien an der Tagesordnung.

Tipps:
1. Wer gemeinsam mit seinem Partner den Alkohol besiegen will, braucht viel Geduld. Wie bei allen Süchten kann es zu Rückfällen kommen. Frauen von suchtkranken Männern sind davon aber immer wieder überrascht. Sie setzen alle Hoffnungen in den Satz «Ich trinke nie wieder!» und fallen tief, wenn es doch passiert. Frauen sind ihrem Naturell nach eher bereit, sich für den Mann zu «opfern». Statt über

eine Trennung nachzudenken, fühlen sie sich für ihren trinkenden Mann verantwortlich und versuchen mit allen Mitteln, das Bild der intakten Familie nach außen hin aufrecht zu erhalten. Häufig suchen sie die Gründe dafür sogar bei sich selbst und geraten dadurch immer tiefer in den Strudel der Koabhängigkeit. Männer schaffen es leichter, sich von einer abhängigen Frau zu lösen. Sie gehen das Problem sachlicher an und können sich durch die Berufstätigkeit auch leichter «ablenken». Sie gehen schneller eigene Wege.

2. Frauen müssen lernen, loszulassen von dem Mann, der nicht von seiner Sucht lassen kann. Die Organisation «Al-Anon», die zur Interessengemeinschaft Anonymer Alkoholiker gehört, hat das Problem der Koabhängigkeit erkannt und kümmert sich um Angehörige von Alkoholikern. Wie tief man mit in der Sucht steckt, kann man mit der Beantwortung eines von Al-Anon herausgegebenen Fragebogens erkennen. Bei mehr als drei Ja-Antworten braucht man dringend Hilfe. Oft bleibt dann nur die Trennung vom Partner als einziger Ausweg in ein neues, gesundes Leben.

3. Wenden Sie sich an eine Organisation und schildern Sie Ihre Probleme. Versuchen Sie bei Freunden und Bekannten, die sicherlich längst wissen, in welcher Misere Sie stecken, offen die Alkoholkrankheit anzusprechen. Bitten Sie um Hilfe, notfalls auch professionelle. Hämmern Sie sich ein, dass die Sorge um den Alkoholiker nicht Ihr Lebensinhalt sein kann, sondern dass Sie Ihrem Leben andere, eigene Inhalte geben müssen. Niemand kann erwarten, dass man seine eigene Gesundheit untergräbt, nur um das Leben mit einem Suchtkranken meistern zu können.

Der Fragebogen von Al-Anon:
 1. Machen Sie sich Sorgen darüber, wie viel ein Mensch, den Sie kennen, trinkt?

2. Sagen Sie manchmal die Unwahrheit, um einen Trinkenden zu schützen?
3. Haben Sie finanzielle Sorgen, weil jemand trinkt?
4. Ist das Trinken für einen Menschen, den Sie lieben, wichtiger, als Sie es sind?
5. Geben andere Menschen dem Trinkenden Anlass zum Trinken?
6. Verschieben sich Mahlzeiten öfter wegen des Trinkens?
7. Drohen Sie, den Menschen zu verlassen, wenn er nicht zu trinken aufhört?
8. Prüfen Sie beim Begrüßungskuss heimlich seinen Atem?
9. Nehmen Sie bei Gesprächen Rücksicht aus Sorge, einen Anlass zum Trinken zu geben?
10. Haben Sie sich durch das Trinken verletzt und bloßgestellt gefühlt?
11. Scheint jeder Urlaub durch Trinken verdorben?
12. Wollten Sie schon einmal die Polizei rufen?
13. Suchen Sie nach Alkohol-Verstecken?
14. Sollte der Trinker als Zeichen der Liebe zu Ihnen aufhören?
15. Haben Sie schon einmal Einladungen abgesagt?
16. Haben Sie Schuldgefühle, weil Sie schon lange, aber erfolglos zu helfen versucht haben?
17. Würden andere Probleme gelöst, wenn das Alkohol-Problem gelöst wäre?
18. Tun Sie sich manchmal weh, verletzen Sie sich selbst, nur um so etwas wie «Tut mir Leid» oder «Ich liebe dich» zu hören?
19. Lässt der Mensch, den Sie lieben, seinen Ärger an anderen (Kindern, Kollegen) aus, weil Sie sich über den Trinkenden ärgern?
20. Haben Sie das Gefühl, niemand versteht Ihre Probleme?

Elfi hat eine Therapie bei Al-Anon gemacht. Sie hat Menschen kennen gelernt, mit denen sie reden konnte. Sie begriff, dass sie die

Sucht ihres Mannes psychisch krank gemacht hat. Sie lernte, ihre eigenen Bedürfnisse und Ängste zu erkennen und zu äußern. «Ich ließ meinen aufgestauten Gefühlen freien Lauf, weinte, trampelte, schrie und merkte nach und nach, wie stark ich mich aufgegeben hatte.»

Elfi kam innerlich gestärkt und bereit zur Trennung aus der Kur. Klaus hat das trotz seiner Sucht gespürt. Er hat freiwillig eine Therapie gemacht. Im Moment ist er trocken. Elfi sagt: «Ich weiß nicht, ob er trocken bleibt. Aber ich habe mir neben Klaus ein eigenes Leben aufgebaut. Ich arbeite bei einer Freundin, verdiene eigenes Geld. Wenn er noch einmal trinkt, gehe ich. Ich will nicht mit ihm untergehen.»

Gewalt

Karla trug meistens eine dicke Sonnenbrille. Erst als sie im strömenden Regen damit zu ihrer Mutter kam, wurde die misstrauisch. «Nun setz doch mal das dumme Ding ab», sagte sie forsch. Doch Karla erfand Ausreden. «Ich habe neuerdings eine schwere Lichtallergie und muss ständig eine Brille tragen.»

Die junge Frau konnte beim Familienfest auch nicht den Kaffee ausschenken. «Ich habe mir durch die ständige Bügelei eine Sehnenscheidenentzündung eingefangen. Ich kann nichts mehr halten», log sie. Es dachte sich auch niemand etwas dabei, als ihr plötzlich ein Zahn herausgefallen war, angeblich weil sie «auf eine Nuss gebissen hatte», und dass, wie sie sagte, ihr manchmal ein Ekzem am Kopf zu schaffen machte und sie deshalb «blutige Stellen an der Kopfhaut hatte». Erst durch einen Fahrradunfall, der sich wirklich ereignet hatte, kam die Wahrheit ans Licht. Karla kam ins Krankenhaus, und Ärzte und Schwestern erschraken, als sie ihre Bluse auszog. Ihr Oberkörper war von oben bis unten mit blauen Flecken übersät. «Der Fahrradsturz war heftig», stotterte sie zitternd. Eine Ärztin nahm sie Stunden später beiseite. «Hören Sie, die Blutergüsse sind alt und haben mit dem Sturz nichts zu tun. Sie brauchen dringend Hilfe.»

Karla brach bei diesen Worten mit einem Weinkrampf zusammen, stammelte pausenlos: «Ich kann nicht mehr, bitte, bitte, holen Sie mich dort heraus. Er schlägt mich noch tot.»

Die Ärztin mobilisierte Karlas Familie. Ihre Eltern und der Bruder holten ihre Sachen. Karla ging vom Krankenhaus aus direkt in eine neue Wohnung. Dort erzählte sie in Ruhe ihr Schicksal. Kennen gelernt hatte sie ihren Mann vor sechs Jahren. Damals war Bernd ein liebenswerter Dachdecker.

«Sensibel, zärtlich, einfühlsam. Es gab nichts an ihm auszusetzen», erinnert sie sich. Die beiden heirateten, alles lief bestens. Doch dann hatte Bernd einen schweren Autounfall und musste monatelang im Krankenhaus liegen. Seine Firma verlegte ihren Sitz nach Süddeutschland. Bernd blieb Karla zuliebe in Düsseldorf. Doch er fand beruflich keinen rechten Anschluss mehr. Er wechselte mehrmals den Arbeitsplatz, wurde schließlich arbeitslos. Während sich Karla in ihrem Beruf als Reisebürokauffrau bis zur Filialleiterin hocharbeitete, saß er zu Hause und spielte mehr oder weniger überzeugend die Rolle des Hausmannes. «Abends ging's dann los. Er hatte ständig andere Dinge, die er mir vorwarf. Mal hatte ich nicht aufgeräumt, mal kam ich zu spät, weil ich angeblich Kerle getroffen hatte. Ich begriff erst spät, dass er keinen Grund brauchte. Es ging nur darum, mich zu schlagen, mich klein zu kriegen.» Karla wollte aber die Fassade der glücklichen Ehe aufrechterhalten und vertraute sich niemandem an. Anfangs war es noch Liebe, später Angst, die sie zurückhielt, einfach zu gehen. «Mit jedem Schlag wich die Liebe mehr aus meinem Herzen. Aber er bedrohte mich ständig, lauerte mir sogar vorm Büro auf.» Karla fand einen Weg, indem sie sich abends einschloss und wartete, bis Bernd sich vom Fernseher ablenken ließ und irgendwann einschlief. Drei Jahre schaffte sie es auf diese Weise, den brutalen Terror ihres Mannes auszuhalten. «Ich weinte nachts im Bett. Tagsüber hielt ich mich mit Kaffee auf den Beinen. Essen konnte ich längst nicht mehr. Mein Magen vertrug nichts mehr. Ich musste ständig erbrechen.» Zu den körperlichen Beschwerden durch die Schläge kam eine schlimme Allergie. Sie hatte oft schmerzhafte Ekzeme an den Händen und Füßen, die sich langsam auf den Oberkörper ausbreiteten. Außerdem quälten sie Migräneanfälle und Durchfälle. Die Ärzte fanden nichts. Aber Karla weiß heute, dass die Angst vor Schlägen daran schuld war. Seit ihrem Auszug hat sie nämlich keine Beschwerden mehr. Bernd hat nach einem langen Gespräch mit Karlas Eltern eingewilligt, eine Therapie zu machen. Nach dem Klinikaufenthalt ist er nach Süddeutschland gezogen und arbeitet bei seiner alten Firma. Karla hat nichts mehr von ihm gehört. Vor kurzem hat sie sich neu verliebt. «Als mein Freund mich streicheln wollte, zuckte ich zusammen. Dann musste ich sofort ins Bad und mich übergeben. Daran habe ich gemerkt, dass ich noch lange brauche, um meine schlimme Ehe zu verarbeiten.»

Die größte Verletzungsgefahr besteht für eine Frau in den eigenen vier Wänden. Dabei bedrohen weniger Haushaltsunfälle ihre Gesundheit als vielmehr der Mann, mit dem sie zusammenlebt.

In 35 Prozent der deutschen Ehen ist es schon einmal zu Gewaltausbrüchen gegen Frauen gekommen. Meistens werden die Frauen an Brust und Unterleib verletzt. Doch nur ein Bruchteil der betroffenen Frauen bringt diese Schläge an die Öffentlichkeit. Der größte Teil aber leidet und schweigt. Gewalt in der Ehe ist ein Tabuthema. Doch sie zieht sich durch alle Altersgruppen und alle sozialen Schichten. Die Ursachen sind vielschichtig. Oft ist Alkohol im Spiel. Bei Karla und Bernd war das scheinbare Versagen des Mannes der Auslöser. Er wollte seine Frau, die ihm überlegen war, wenigstens mit Schlägen kleinkriegen. Neben den Schmerzen ist es die erlittene Demütigung, die den Frauen zusetzt. Weinend auf dem Küchenboden liegend, werden sie mit Straßenschuhen zusammengetreten, beleidigt, oft bespuckt und geschlagen. Sie müssen kriechen vor dem Mann, den sie einmal geliebt haben. Das hält keine Seele aus. Die Folgen sind unübersehbar. Die körperlichen Beschwerden heilen schnell. Die seelischen meistens nie. Darüber hinaus leiden die Frauen häufig an Übelkeit und Erbrechen. Psychologen deuten es damit, dass sie ihren Schmerz herausschreien möchten, aber nicht können. Deshalb erbrechen sie.

Tipps: Die Männer, die bereits im Elternhaus Gewalt erlebt haben, sind selbst besonders anfällig dafür. Wenn der Vater die Mutter prügelt, lernt der Sohn, dass man so Probleme lösen kann. Später zeigt die Erziehung dagegen: Das tut man nicht! Doch in Krisensituationen reagieren die meisten Menschen kopflos und spontan. Wenn er trinkt oder sich in einer besonderen Situation wehrlos fühlt, ist es einfacher, die «Faust sprechen» zu lassen. Das hat er ja oft genug bei seinen Eltern gesehen und dabei erfahren, dass anschließend «Ruhe» war.

Um solchen Männern zu helfen, kann es für die Frau sinnvoll sein, die Schwiegermutter mit einzubinden. Sie könnte ihr Leid schildern. Auch ein bereuender Schwiegervater kann mit einem Gespräch Änderungen erreichen.

Für unverbesserliche Schläger gibt es zahlreiche Therapieangebote. Aber bis es so weit kommt, dass ein Mann einsieht, dass er Hilfe braucht, ist die Liebe in der Regel schon zerschlagen. Frauen, die einen gewalttätigen Partner verlassen, kommen so gut wie nie zurück. Denn hinter ihnen liegen oft Jahre voller Schmerzen und Krankenhausaufenthalten.

Aus der Beziehung auszubrechen ist oft nicht einfach. Aber sobald eine Frau beginnt, sich zu wehren, tut sie schon den ersten Schritt, obwohl das anfangs noch die Gewalttätigkeit des Mannes verstärkt. Die Frau, die aus der Opferhaltung herausfindet, wird noch mehr gehasst, noch mehr geschlagen. Ein Teufelskreis, der nur mit einer Trennung durchbrochen werden kann. Wer sich unterordnet, aus Angst und Verzweiflung stillhält, hat keine Chance. Der Zeitpunkt der Auflehnung sollte mit dem ersten Schlag beginnen. Hier sollte man sofort mit dem Partner klären, ob es ein Ausrutscher war oder ob es seine Art ist, Probleme zu lösen. Bereits der zweite Schlag muss Konsequenzen haben und zu einer hartnäckigen Diskussion bzw. fachlichen Beratung führen. Beim dritten Mal bleibt nur die Trennung.

Abenteuer Untreue

Laut Statistik geht jeder zweite Ehepartner einmal in der Ehe fremd. Während früher die Männer die Übeltäter und die Frauen die Betrogenen waren, sind Letztere mittlerweile auf der Überholspur. Sie sehen nicht ein, dass mit zweierlei Maß gemessen wird, und ziehen mit den Männern gleich. Dabei versucht jeder, so gut es geht, den Seitensprung zu vertuschen, zu verheimlichen. Denn wenn er entdeckt wird, folgt eine Katastrophe. Tränen, tiefste Verzweiflung, wochenlanges Leid und manchmal auch die Trennung. «Wenn's rauskommt, lässt meine Frau sich scheiden!» Diesen Satz hat sicher jeder schon mal im Bekanntenkreis gehört. Warum tun es trotzdem so viele? Was reizt am Seitensprung? Und was wird durch ihn zerstört?

Treue verleiht einer Beziehung einen ganz besonderen Charakter, hebt sie über alle anderen hinaus. Man teilt das Intimste, die Sexualität, nur mit einem Menschen. Das vertieft die Bindung ungeheuer, andererseits kann Treue aber auch Verzicht bedeuten. Wenn man jemand anderes begehrt, manchmal nur für Stunden, manchmal für länger, muss man «nein» sagen um der Einmaligkeit der anderen Liebe willen.

Wer eine Außenbeziehung eingeht, weiß in der Regel auch, was er damit anrichtet. Er fügt dem anderen schweres Leid zu, bricht einen «Vertrag», wird untreu. Bevor man so etwas tut, sollte man sich in die Lage des Partners hineinversetzen. Wie würde ich fühlen, denken, handeln? Dabei kommt heraus, dass Männer es leichter haben, Sexualität und Beziehung zu trennen. Für sie ist der Ausbruch aus der ehelichen Bindung häufig nicht mehr als ein flüchtiges sexuelles Erlebnis. Für Frauen bedeutet es dagegen oft das Zerstören der Beziehung. Ihr Vertrauen in die Liebe des anderen wird stark beschädigt. Das sollten Männer berücksichtigen, wenn sie sich vielleicht leichtsinnig auf ein Abenteuer einlassen wollen. Sie verursachen bei der Partnerin eine schwere Erschütterung.

Allerdings darf man nicht vergessen, dass ein Seitensprung in der Regel ein Zeichen dafür ist, dass etwas in der Ehe nicht stimmt. Wenn jemand fremd geht, spürt er Defizite. Ist es die fehlende sexuelle Befriedigung, mangelnde Anerkennung, Geborgenheit oder Zuwendung? Der Ausbrecher holt sich draußen, was er drinnen nicht bekommt. Deshalb sollte man keine Kurzschlussreaktionen starten und die Beziehung sofort beenden. Sinnvoller ist es, mit dem Partner so ruhig wie möglich zu analysieren, wie es so weit kommen konnte. Doch das geht natürlich nicht immer sofort. Erst muss der Betrogene sein Gleichgewicht wiederfinden, um überhaupt ein Gespräch führen zu können.

In nicht wenigen Fällen tut ein Treuebruch der Ehe sogar gut. Er zeigt, dass etwas schief gelaufen ist. Wenn beide es wollen, kann man die Beziehung wieder aufbauen und die Ehe zu neuen Höhen führen. Treuebruch als Chance? Durchaus, wenn beide fair damit umgehen. Der Fremdgeher muss darauf achten, dass es bei dem einen Ausrutscher bleibt. Der Betrogene muss wirklich verzeihen können.

Wichtig ist auch zu unterscheiden, ob es sich um ein Abenteuer, den berühmten «One-Night-Stand», handelt oder um eine intensivere Beziehung zu einer anderen Person. Hier muss man sich klar für oder gegen die Ehe entscheiden, damit man nicht in eine Dreierbeziehung voller Lügen und Hinterhältigkeiten hineinschlittert. Solche Beziehungsdreiecke sind in der Regel für alle Beteiligten belastend, quälend und zermürbend. Einen derart unwürdigen Zustand sollte man rechtzeitig beenden.

Der «Betrüger» muss sich seiner Verantwortung für den Betrogenen stellen und mit klaren Aussagen seine Position darlegen. Wenn er sich von der «dritten» Person nicht trennen will, muss er die Ehe beenden, um das Leid des Ehepartners nicht unnötig in die Länge zu ziehen. Wenn Kinder im Spiel sind, ist ein stabiler Vater oder eine stabile Mutter besonders wichtig. Auch hier hat man Verantwortung, den Ehepartner nicht unnötig durch jahrelange Versprechungen und Vertröstungen zu schwächen.

Andrea (42), eine Kauffrau, musste erst eine wahre Odyssee durch diverse psychosomatische Fachkliniken hinter sich bringen, bevor sie begriff, dass ihre Ehe an ihrem Zustand schuld war. Der ständige Ehebruch ihres Mannes hatte sie krank gemacht. Da er unter der Woche auf Montage war, konnte Andrea seinen Lebenswandel nur ahnen. Wenn sie eifersüchtig nachfragte, reagierte er sofort aggressiv, unterstellte ihr, mit ihrem ständigen Misstrauen die Beziehung zu gefährden. Andrea fühlte sich daraufhin sofort getroffen, bereute ihre Verdächtigungen. Jahrelang hielt ihr Mann sie so in Schach. Auch als sie ihn auf einer Party dabei ertappte, wie er im Badezimmer des Gastgebers eine andere Frau küsste, versuchte er noch, ihr die Schuld zuzuschieben. «Kein Wunder, dass es so weit kommen musste. Du warst ja in letzter Zeit nur noch hässlich zu mir», zischte er ihr auf dem Nachhauseweg zu. Andrea bekam keine Gelegenheit mehr, ihm Vorwürfe für den beobachteten Treuebruch zu machen. Im Gegenteil, statt um sein Vergehen ging es nur noch um ihr Verhalten. Die nächsten Male, bei denen Andrea handfeste Beweise für einen Seitensprung bekam, erging es ihr ähnlich. Immer hatte sie Schuld, nie er. Andrea bezog schließlich alles auf sich. «Weil ich nicht nett war, trieb ich ihn in die Arme der anderen Frauen», war ihre Erklärung. Das Absurde: Andrea gab sich immer mehr Mühe, ihrem notorisch untreuen Mann zu gefallen. Wie weit sie sich demütigen ließ, fiel ihr nicht einmal auf, als sie Damenunterwäsche in ihrer Wohnung fand. Da war Andrea schon so eingeschüchtert, dass sie sich gar nicht mehr traute, ihm deswegen Vorwürfe zu machen. Schließlich bekam Andrea eine chronische Verstopfung. Fast zwei Jahre quälte sie sich mit ihrem unangenehmen Leiden. Dazu kamen unerklärliche Rückenschmerzen und Schwindelattacken. Ihr Hausarzt verordnete Andrea eine Therapie, bei der sie an Gruppensitzungen teilnahm und andere betroffene Frauen kennen lernte. Anfangs war sie sehr verschlossen. Doch nach einigen Treffen begann sie offen über ihren Kummer zu sprechen. In langen Sitzungen lernte sie, ihr Verhalten im rechten Licht zu sehen. Sie erkannte, wie sie manipuliert wurde. Nach der Rückkehr aus der Klinik reichte sie die Scheidung ein. Ihre Erkenntnis: «Ich habe einen notorischen Fremdgänger geheiratet. Er wird sich nie bessern.»

Tipps: Wenn es passiert ist, sollte man darauf verzichten, sich in die Schuldfrage zu verbeißen. Vorwürfe, quälendes Nachfragen und ständiges Herumzerren führen zu keinem Ergebnis. Wenn beide den Neuanfang wollen, müssen sie nach einer angemessenen Frist von vielleicht vier Wochen einen dicken Schlussstrich ziehen. Auf keinen Fall darf die Situation lange ungeklärt bleiben. Oft ist ein Ehebruch für den Betrogenen so belastend, dass fachliche Hilfe in Form einer Eheberatung in Anspruch genommen werden sollte.

Was tun, wenn man krank ist?

Wir haben erfahren, dass Krankheit nur das äußere Zeichen einer tiefer liegenden Ursache ist. Oder anders ausgedrückt: Zu einem Thema sind mindestens zwei verschiedene oder sogar völlig entgegengesetzte Programme aktiv. Dabei gerät der Mensch unter Spannung. Man kann erst gesund werden, wenn eines der Programme «gelöscht» ist. Wenn zu einem Thema nämlich nur noch ein Programm aktiv ist, löst sich die Spannung auf, und man kann seinen Weg gehen.

Doch das «Löschen» ist oft nicht einfach. Meist wird man von einem ganzen Themenkomplex belastet. Es gibt Zeiten im Leben, in denen fast nichts klappt. Der Mann geht fremd, man verliert den Job, und die Kinder bleiben in der Schule sitzen. Dann macht auch noch das Auto schlapp, und das Konto ist blank. Man weiß nicht, wie man die Probleme in den Griff kriegen soll, kann nicht mehr klar denken. Man schwankt bei jeder Frage orientierungslos zwischen den möglichen Antworten hin und her. Irgendwann kann man die enormen inneren Spannungen nicht länger ertragen und greift nach einer falschen Lösung: Man trinkt Alkohol, nimmt Tabletten oder steigert sich in Gedanken wie: «Ich bin allein!», oder: «Keiner hilft mir!», oder: «Ich werde nie mehr ein Wort mit meinem Mann wechseln, weil er mich sowieso ablehnt.»

Alles dient nur dazu, die inneren Spannungen irgendwie zu ertragen, das Leben überhaupt noch auszuhalten. Doch Alkohol, Tabletten oder Verdrängung durch Selbstmitleid bringt keine Lösungen. Sie sind «Pflaster», die Wunden nur zudecken, aber nie heilen.

Heilung muss immer ganzheitlich sein. Sie umfasst Körper, Seele und Geist. Es ist leicht, im Krankheitsfall mit dem Finger auf die Stelle zu deuten, die schmerzt. Doch was ist, wenn die Seele krankt? Dann ist die Wunde immateriell und der Körper nur die Bühne für das seelische Leid. Er verleiht dem Aufschrei einer verletzten, leidenden Seele Ausdruck. Um herauszufinden, was die Seele beleidigt hat, gibt der Körper die notwenigen Hinweise. Er kann zur Plattform werden, auf der die Menschen ihre Lebensaufgaben bewältigen müssen. Der Körper spricht in Symbolen. Sie zu erkennen kann lebenswichtig sein. Oft sind mit Krankheiten Krisen verbunden, die uns aber auch neue Chancen zur Entwicklung eröffnen.

Ein Heilungsprozess muss demnach mit Anweisungen des Geistes oder gegebenenfalls durch Änderungen in der Lebensgestaltung unterstützt werden. Die Heilung ist ein Prozess, der dadurch einsetzt, dass unser Geist die Ursache für ein körperliches Leiden erkennt und diese auflöst beziehungsweise beseitigt. Man leidet an Kopfschmerzen. Das ist ein Symptom, aber keine Krankheit! Man lässt sich Tabletten verschreiben, damit der Kopfschmerz vergeht. Doch die Ursache, auf die uns dieser Schmerz hinweisen will, bleibt bestehen. Es wird sich also ein heftigeres Symptom einstellen müssen, damit wir wach werden, hinhören, verstehen. Wenn man das wieder mit einem Medikament bekämpfen will, beginnt der Prozess von vorn. Das geht so lange, bis die Beschwerden so schlimm sind, dass wir zuhören müssen: zum Beispiel, wenn uns ein Krebsgeschwür ins Bett und zur Operation zwingt. Manchmal begreifen wir erst dann. Im Grunde ist es also ganz einfach: Wer Schmerzen hat, hat schmerzhafte Lebensumstände. Die gilt es zu beseitigen.

Der Weg führt nach innen

Es ist notwendig, das Wesen der Krankheit und die dahinterliegende Problematik zu erkennen und zu ändern. Sobald ein Warnzeichen auftritt, sollte sich die Frage aufdrängen: Was will mir das Symptom sagen? Was lerne ich daraus? Wohin soll mein Weg gehen? Wozu will mich die Krankheit bringen? Woran will sie mich hindern?

Doch die Schulmedizin macht es den Kranken schwer. Sobald eine körperliche Ursache nachweisbar ist, wird ein seelischer Anteil ausgeschlossen. Magengeschwüre galten jahrzehntelang als Hinweis auf nicht verarbeiteten Ärger. Jeder kennt die Sätze: «Du machst mich so krank. Irgendwann kriege ich noch ein Magengeschwür», oder: «Der ganze Krach schlägt mir auf den Magen!» Doch seit der Entdeckung des Bakteriums Heliobacter spielen solche

Aspekte keine Rolle mehr. Man hat jetzt den «Übeltäter» für Magenleiden gefunden. Das macht die Sache einfach. Ein paar Untersuchungen, ein Laborbericht. Das war's. Die Ursache im seelischen Bereich, in der falschen Lebensform zu suchen wäre viel anstrengender. Also belässt man es bei der organischen Ursache. Damit macht man es sich zu leicht. Man hat doch auch die Stoffe gefunden, die für das Gefühl des Verliebtseins verantwortlich sind, und spricht trotzdem der Liebe die seelische Komponente nicht ab.

Leidet die Seele, kommt der Mensch aus der Balance. Wenn man etwas seelisch nicht bewältigen kann, springt der Körper ein und versucht es auf seine Weise zu bewältigen. Man magert ab, wird krank, manchmal auch hektisch oder hyperaktiv. Manche Menschen versuchen in seelischen Drucksituationen mit übermäßigem Sport der Trauer, dem Verlust, dem Leid «davonzulaufen». Ein bekanntes Beispiel ist der Politiker Joschka Fischer, der gestand, die Trennung von seiner dritten Frau mit exzessivem Joggen bewältigt zu haben. Der Körper versucht, den Waagebalken in der Schwebe zu halten. Er reagiert da, wo die Seele aufgibt.

Um wieder gesund zu werden, ist es wichtig, in sein Inneres zu blicken und sich intensiv dem seelischen Leid zuzuwenden. Dabei kann die Schulmedizin durchaus hilfreich sein. Man kann ja ruhig mit Medikamenten die Symptome bekämpfen. Nichts ist gegen Kopfschmerztabletten einzuwenden. Man darf aber nicht vergessen, zeitgleich nach den Ursachen zu suchen. So ist es zum Beispiel sinnvoll, Herzrhythmusstörungen mit Medikamenten zu behandeln, zugleich deren tiefen Sinn, z. B. das Wahrnehmen einer Ehekrise, zu erkennen und die Notlage in den Griff zu bekommen. Wenn Sinn und Lernaufgabe verstanden sind, kann ein Heilungsprozess mit einer Operation oder Medikamentengabe dauerhafte Linderung bringen.

Nur wer sein Krankheitsbild richtig deutet, kommt in seiner Entwicklung weiter. Jemand, der allein oder mit fachlicher Hilfe erkannt hat, dass er an einer Allergie leidet, weil die Ehe unglücklich ist, kann handeln. Doch warum fällt es vielen so schwer, in die Tiefen des Ichs zu sehen? Ganz einfach, weil die Auseinandersetzung mit Krankheiten zwangsläufig Missstände aufdeckt. Und wer steht schon gern zu Missständen. Ein unordentliches Zimmer zeigt man dem Besuch nicht. Man präsentiert nur die aufgeräumten.

Doch das Vertuschen eigener Probleme bringt einen nicht weit. Man sollte eine Krankheit niemals als Strafe oder als Schicksalsschlag sehen, sondern als Hinweis auf die Lebensaufgabe, die es zu meistern gilt. Wenn das Leben eine Art Schule ist, sind Krankheiten ein Teil des Lehrplans. Der französische Philosoph Descartes hat einmal den Satz formuliert: «Krankheit ist der Ort, an dem man lernt.» Doch es ist schwer, die Aufgaben, die das Leben in Form von Krankheitsbildern, Krisen und anderen Prüfungen für einen bereithält, zu erkennen und anzunehmen.

Man bekommt quasi ein Warnschild hingehalten und soll herausfinden, wo die Gefahr liegt. Der Körper ist ein ehrlicher Lehrmeister. Wenn wir bereit sind, auf ihn zu hören, wird er uns helfen. Wir können uns von ihm beraten und belehren lassen. Er wird uns Hinweise geben, warum wir krank geworden sind. Jeder kennt die Frage: «Was fehlt Ihnen denn?» Wenn man die Frage wörtlich nimmt, wird man vielleicht auf ein Ungleichgewicht zwischen Körper, Geist und Seele stoßen. Nur durch den «Weg nach innen» bekommt man die Chance, «Fehlendes» ausfindig zu machen, «Überflüssiges» zu beseitigen und «Falsches» zu korrigieren. Man sollte die Krankheit als Chance sehen, Verpasstes zu erkennen, falsche Wege zu verlassen und neue Ziele anzustreben. Man kann entdecken, was einem zum Ganzen fehlt, und den Gleichklang zwischen Körper, Geist und Seele wiederherstellen, um «heil» zu werden.

Krankheit als Wegweiser

Wer die Botschaft eines Symptoms versteht, kann die nötigen Änderungen einleiten und erreichen, dass der Körper kein neues Symptom mehr schicken muss. Der Betroffene hat den Sinn hinter seiner Krankheit erkannt, verstanden und akzeptiert.

Doch vielen fällt es nicht leicht, diesen Weg nach innen einzuschlagen.

Hilfreich sind die folgenden Fragen, die man sich ehrlich beantworten sollte. Das erfordert Zeit, Ruhe, eine Auszeit vom Alltagstrubel. Man muss sich auf Dinge besinnen, die einem wirklich wichtig sind. Man kann auch eine gute Freundin oder einen guten Freund zurate ziehen und mit ihr/ihm die Antworten durchgehen.

1. Lebe ich mein Leben, oder lasse ich mich von außen bestimmen?
2. Stehe ich für meine Ziele ein, oder mache ich lieber Kompromisse?
3. Ordne ich meine Bedürfnisse meistens unter, oder schlage ich schon mal über die Stränge?
4. Nehme ich Veränderungen in meinem Leben gern an, oder wehre ich mich dagegen?
5. Wo habe ich es verpasst, neue Impulse in mein Leben zu lassen?
6. Bestrafe ich mich oft, oder lasse ich mich bestrafen?
7. Was ist mir peinlich? Und worüber schäme ich mich am meisten?
8. Wo habe ich im Leben resigniert und lasse mich hängen?
9. Wo verstecke ich mich hinter einer heilen Fassade und schäme mich, die Wahrheit zuzugeben?
10. Wann fehlen mir Gelassenheit und Ruhe?
11. Welche Seite in mir vernachlässige ich dauerhaft und warum?
12. Wo will ich nicht richtig hinschauen? Was zeige ich nicht gern von mir?
13. Was sind meine Schwächen und was meine Stärken?
14. Welche Lebensthematik überfordert mich dauerhaft?
15. Was macht mir seelisch so Angst, dass ich körperlich darauf reagiere?
16. Wie gehe ich mit Stress um?
17. Was will ich nicht hören, und welchen Themen verweigere ich mich?

18. Was habe ich in meinem bisherigen Leben falsch ge-
    macht und bereue es jetzt?
19. Gibt es in meiner schwankenden Welt etwas, was mir
    Sicherheit gibt, etwas, auf das ich mich verlassen
    kann?
20. Welche Wünsche habe ich und möchte sie erfüllt wis-
    sen?
21. Wenn ich von morgen an ein neues Leben beginnen
    könnte – wie sollte es aussehen?
22. Gibt es in meinem Leben einen dauerhaften Konflikt?
23. Wann reagiere ich beleidigt?
24. In welchen Bereichen fühle ich mich wie ein Kind, in
    welchen als Erwachsener?
25. Welche Gefühle setzen mich unter Druck?
26. Bin ich noch begeisterungsfähig und in der Lage, mich
    für etwas wirklich Besonderes einzusetzen?
27. Was ist in meinem Leben bis jetzt ungeklärt geblieben?
28. Wie stelle ich mir den Sinn meines Lebens vor?
29. Was fehlt meinem Leben noch, um es vollständig zu
    machen?
30. In welchen Bereichen fühle ich mich unfrei?

Das Nachdenken über diese Fragen führt in die Tiefe eigener seelischer Muster. Reisen in unser Inneres sind der beste Weg, versteckte
Probleme aufzudecken. Wer sich einen Monat lang jeden Tag 30 Minuten auf den Weg zu sich selbst macht, entweder allein in Form
von Meditation, im Zwiegespräch mit einem Menschen oder im Ge-
bet zu Gott, wird mit der Zeit ganz neue Antworten finden. Fasten
(nur nach ärztlicher Genehmigung) kann den Prozess ebenfalls in-
tensivieren.

Wer so nicht zurechtkommt, kann sich Gruppen anschließen,
zum Beispiel Yoga machen oder Mal- und Gestalttherapien versuchen. Zeichnet sich ein Weiterkommen ohne fremde Hilfe nicht ab
oder ist das Krankheitsbild sehr bedrohlich, gibt es professionelle
Unterstützung bei geeigneten Psychotherapeuten.

Auf zu neuen Ufern

Wer eine Krankheit als Wegweiser begreift, die Ursachen aufspürt und bereit ist zu handeln, wird bald an einen Wendepunkt kommen. Körper und Seele haben vermittelt: Stopp! Bis hierher und nicht weiter! Anhalten! Nachdenken! Neue Wege gehen!

«The point of no return», der Punkt, an dem einem klar wird, dass es so nicht weitergeht, hat als Auslöser immer das Leid. Man wächst in der Not, reift in Krisen, nie in angenehmen Situationen wie beim Eisessen oder Sonnenbaden.

Niemand schlägt ohne Grund einen Haken. Man wendet erst dann, wenn man vor einer symbolischen Wand steht, alles versucht hat, sie zu überwinden und erschöpft am Boden liegen geblieben ist. Man kehrt erst dann um, wenn man keine Wahl mehr hat. Man kann liegen bleiben und aufgeben oder aufstehen und weitermachen. Also rappelt man sich wieder hoch, sucht mit letzter Kraft nach einer Lösung. Vielleicht kann man die Mauer bezwingen, aber dann braucht man Werkzeug oder ein Seil dazu. Vielleicht ist sie auch einfach zu hoch, und man muss umkehren oder im großen Bogen um sie herumgehen und sie hinter sich lassen. Jeder, der eine Krise gemeistert hat, der umgekehrt ist, möchte anschließend um nichts in der Welt den alten Weg wieder zurückgehen. Er hat endgültig begriffen, dass das eine Sackgasse war, und macht den Fehler nicht zum zweiten Mal.

Monika (56) hatte eine schlimme und lieblose Kindheit und Jugend. Sie durfte keinen Beruf erlernen. Schon mit zehn Jahren musste sie im Tante-Emma-Geschäft im Ort kleine Hilfsarbeiten machen, um den alkoholabhängigen Eltern die Kasse aufzubessern. Wenn sie nicht spurte, wurde sie geschlagen. So wurde ihr eingeprügelt, sich unterzuordnen und zu gehorchen. Mit knapp 20 Jahren lernte sie einen fünf Jahre älteren Verwaltungsangestellten kennen, den sie sofort heiratete. Sie liebte ihren Mann und fand bei ihm Halt und Geborgenheit, alles, was sie in ihrer Jugend und Kindheit vermisst hatte. Sie bekam zwei Kinder und war glücklich. Erst 25 Jahre später fiel ihr auf, dass sie in ihrer Ehe selbst wie ein Kind behandelt wurde. Größere Einkäufe durfte sie nie allein machen. Ihr Ehemann entschied, was in den Einkaufswagen kam. Er bewilligte Friseurbesuche oder Kleiderkäufe. «Wenn er nein sagte, akzeptierte ich es ohne jegliche innere Rebellion. Ich fand es normal, dass ich fragen musste und er entschied. Ich liebte ihn trotzdem oder gerade deshalb. Ich weiß es nicht. Es war einfach meine Form der Normalität.»

Monika akzeptierte es klaglos, dass er nie mit ihr in den Urlaub fuhr oder sie keinem Verein beitreten konnte, weil er den Beitrag nicht bezahlen wollte. Sie tat, was er von ihr erwartete. «Hätte man mich gefragt, ob meine Ehe glücklich sei, ich hätte sofort ja gesagt», erzählt sie. Doch vor zehn Jahren, als die Kinder bereits aus dem Haus waren, wurde Monika plötzlich krank. Es begann mit Magenschmerzen, die sie nach jedem Essen plagten. Schonkost, Medikamente, nichts half. Nach wenigen Monaten kamen Verdauungsprobleme dazu. Zur schmerzhaften Verstopfung zwang sie später noch eine Migräne ins Bett. Schließlich war Monika fast arbeitsunfähig. Sie lag stundenlang hinter heruntergelassenen Rollläden in ihrem Bett. Ihr Mann musste sich allein versorgen, die Schwiegermutter managte den Haushalt. Als auch nach Monaten keine Besserung erzielt wurde, kam Monika in eine psychosomatische Fachklinik. «Eigentlich wollte ich nicht von zu Hause weg. Aber mein Mann drängte mich dazu.» Monika gehorchte, so wie sie es gewohnt war. Zehn Wochen blieb sie in Behandlung. Sie machte eine Gesprächstherapie, und die Schmerzen wurden von Tag zu Tag weniger. Als sie entlassen wurde, war sie kerngesund. «Ich fühlte mich wie ein junges Mädchen», erinnert sich Monika. Ihr Mann holte sie strahlend aus der Klinik ab. Im Auto bat sie ihn anzuhalten und mit ihr einen Kaffee trinken zu gehen. «Das haben wir in der Klinik auch immer gemacht. Nachmittags habe ich mich immer um diese Uhrzeit mit anderen Patientinnen in der Kantine getroffen und Kaffee getrunken. Man kommt so schön ins Plaudern dabei», sprudelte es aus ihr heraus. Ihr Mann schüttelte nur den Kopf. «Nein, das passt jetzt nicht», sagte er in seiner gewohnt energischen Art. Dann passierte etwas, was er noch nie erlebt hatte. Monika schwieg nicht wie üblich, sondern fragte nach: «Warum geht das nicht? Wir haben doch Zeit! Oder erwartet uns jemand?» Sie hatte gelernt, nachzufragen, ihre Interessen und Wünsche zu verteidigen. Man hatte ihr gezeigt, wie man das macht, und jeden Tag mit ihr trainiert. Jetzt wandte sie ihre neuen Erfahrungen an. Ohne böse Absicht, einfach, weil sie es inzwischen so gewohnt war.

Ihr Verhalten traf den Ehemann unvorbereitet. 25 Jahre hatte er seine Entscheidungen nicht begründen müssen. Und jetzt sollte er plötzlich etwas erklären? Er reagierte aggressiv. «Weil ich es nicht will!», sagte er direkt. Von nun an hatte das Paar nur noch Streit. Er verlor den Spaß an seiner Frau, sie an ihrem Mann. Dabei rebellierte sie weniger gegen ihn persönlich als gegen die Institution Ehemann, und das mit Erfolg. Sie erzwang sich mit penetrantem Nachbohren ein Taschengeld, kaufte sich Bücher über Eherecht und Versorgungsansprüche. Sie erkannte immer deutlicher ihre Rechte und pochte darauf. Ihr Mann fühlte seinen Status in den Grundfesten erschüttert und reagierte, wie er es am besten konnte: Er übte Druck aus. Er verbot ihr die neuen Schuhe. Sie verwies auf Gesetze, lieferte die konkreten Paragraphen gleich mit. In seiner Not wurde er in seinen Bestrafungen immer rigoroser. Monika in ihren Forderungen immer beharrlicher. Der Kleinkrieg gipfelte in einem Streit um 50 Mark, die sich Monika von einer Freundin für einen gemeinsamen Tagesausflug geliehen hatte. Ihr Mann witterte endlich nochmal Macht und weigerte sich, Monika den Betrag zu geben. «Ich stand vor ihm und bat ihn um das Geld. Ich wollte es meiner Freundin zurückgeben. Er nestelte an seinem Portemonnaie, zog den Schein halb heraus, um ihn dann mit einem genüsslichen Grinsen wieder hineinzustecken», erinnert sich Monika. «Dann schob er das Portemonnaie wieder in seine Hosentasche, schlug die Zeitung auf und sagte mir, ohne mich anzusehen, ich hätte genug Geld ausgegeben und müsse erst mal wieder lieb sein, um neues zu bekommen.»

Monika sagte daraufhin nichts mehr. Sie ging schweigend in ihr Bett und hat in dieser Nacht kein Auge zugetan. «Es war der Wendepunkt meines Lebens. Ich wusste plötzlich: Jetzt ist es genug. Jetzt muss ich weg. Von dieser Sekunde an hatte ich keine Angst mehr vor der Zukunft. Nichts! Ich habe nur noch systematisch meinen Auszug vorbereitet. Ich hatte eben begriffen: Die Ehe ist kaputt.»

Monika ging am nächsten Morgen mit den kopierten Verdienstbescheinigungen ihres Mannes zu einer Anwältin und informierte sich über ihre Unterhaltsansprüche. Dann mietete sie eine Wohnung an. Erst danach plünderte sie sämtliche Konten ihres Mannes und ließ sich insgesamt 8000 Mark Startgeld auszahlen.

Das war vor zwei Jahren. Monika ist zwar immer noch nicht geschieden, hat sich aber schon einen beträchtlichen Teil des ehelichen Vermögens durch hartnäckig geführte Prozesse erstritten. Sie tritt entschlossener auf, als sie selbst es jemals für möglich gehalten hätte. Getragen wird sie vom Ehrgeiz, endlich «gerecht behandelt zu werden». Seit einem Jahr hat sie Edwin, einen zauberhaften, liebevollen Rentner, der sie auf Händen trägt. Sie lebt bei ihm. Es geht ihr prächtig. «Zehn Jahre habe ich gebraucht, um mich zu befreien. Zahllose Ängste haben mich in dieser Zeit bedrückt. Ich wusste nie, wie ich mein Leben ändern könnte. Alles erschien mir so unerreichbar. Und plötzlich wusste ich genau, wie ich weitergehen musste. Die Krankheit hat mir die Augen geöffnet, den Weg gewiesen. Von da an kam alles wie von selbst. Die Klinik, mein Selbstbewusstsein, mein kämpferisches Auftreten. Ich erstarkte innerhalb kürzester Zeit, und meine Ängste waren danach wie weggeblasen.»

Monika hatte in der Klinik die Ursachen ihrer Leiden erkannt. Sie war gedrückt, klein, ohne Selbstbewusstsein und Eigenständigkeit. Das hatte sie krank gemacht. Sie musste also selbstbewusst und eigenständig werden, um wieder gesund zu werden. «Ich wäre auch in der Ehe geblieben, wenn mein Mann eine selbstbewusste, eigenständige Frau hätte haben wollen. Aber er wollte aus mir wieder diejenige machen, die ich vor der Krankheit mal war. Doch man kann eine Entwicklung nicht rückgängig machen. Um das zu begreifen, habe ich noch ein paar Monate gebraucht. Bei der Geschichte mit dem 50-Mark-Schein ist mir schließlich aufgegangen, dass er mich nie so verändert akzeptieren würde. Das war das Aus für meine Ehe.»

Dass Monika Recht hatte, haben ihr die vergangenen zwei Jahre gezeigt. Ihr Leben ist harmonisch und – gesund. Sie war nie wieder krank.

Zum selbst erlebten Wendepunkt sagt sie: «Man muss nicht groß darüber nachdenken. Wenn er da ist, merkt man es. Weil man in der alten Richtung keinen Schritt mehr weiterkommt. Im Grunde sagt das Schicksal: Friss die Erkenntnis und handle – oder stirb.»

Das Wort Krise kommt aus dem Griechischen, von dem Wort *krisis*, und heißt entscheidende Wendung. Eine Krise soll also keine Bedrohung sein. Sie muss uns auch nicht das Leben schwer machen. Sie soll uns nur den Weg weisen. Sie reißt uns aus unserem Alltagstrott und zeigt uns auf, dass wir wieder neu wählen können, welchen Weg wir einschlagen wollen. Der griechische Arzt Hippokrates sagte einmal: «Ich habe viele Menschen leiden sehen. Aber keiner hat sein Leiden im Nachhinein bereut. Jeder ist daran gewachsen, hat daraus gelernt und letztlich gewonnen.»

Wird die Wunde zwangsläufig zur Wende? Lernt man am Leiden? Gibt erst die Krankheit die Fähigkeit zur Wahl? Ja! Mit der Krankheit kommt eine Auszeit. Man wird aus dem Alltag gespült, kann sich im Sog der Ereignisse nicht mehr an vertrauten Gerüsten festhalten, sondern muss neue Halterungen suchen. Vor einer Operation kommt man ins Nachdenken. Was habe ich in letzter Zeit versäumt? Habe ich mein Leben so gelebt, wie es mir gut getan hat? Jeder, der schon mal in einer ähnlichen Situation war, kennt das. Aber vor allem sollte man auch fragen: «Was will mir die Krankheit sagen?»

Deshalb ist eine Krankheit nicht als Prüfung, sondern als Herausforderung zu betrachten. Man wird geboren, damit man sich ständig neu beweisen, den Herausforderungen stellen kann. Leben ist Lernen – lebenslang. Eine Krankheit hält Botschaften bereit: Lerne, du hast deine Aufgaben nicht verstanden. Überdenke sie nochmal neu. Suche nach einem neuen Weg. So wird Krankheit zur Chance, innezuhalten, nochmal von vorn zu beginnen und sein Leben qualitätsvoller zu gestalten.

Die Sicht der Dinge

Gedanken und Vorstellungen sind wirksame Kräfte. Das zeigt sich besonders deutlich im partnerschaftlichen Miteinander. So kommt es in der Ehe häufig vor, dass jemand gar nicht auf den Partner, sondern auf eine Vorstellung von ihm oder seinem Verhalten reagiert. Es gibt die übelsten Auseinandersetzungen, die kein Außenstehender begreifen kann, weil die Gründe in der Vorstellungswelt der Streithähne liegen. Wenn eine Frau glaubt, ihr Mann tue ihr immer weh, reicht diese Vorstellung schon, sein Verhalten als schmerzhaft zu empfinden.

Auf gleiche Weise entstehen auch die Vorstellungsbilder von einem selbst. Gedanken wie «Ich tauge nichts», «Ich kann nichts», «Ich bin hässlich» oder «Was ich anfasse, wird sowieso nichts» können schreckliche Auswirkungen auf die betreffende Person haben. Wenn sich ein Gedanke durch ständige Wiederholungen festsetzt, wird er immer stärker, massiver, drängender.

Angenommen, man reagiert auf jede Belastung mit dem Gedanken «Wenn das so weitergeht, werde ich noch krank». Irgendwann wird sich die Befürchtung so im Geist festgesetzt haben, dass man wirklich krank wird.

Man sollte also mit seinen Gedanken sehr sorgfältig umgehen und wissen, dass man damit seine Umwelt erreicht. Wer etwas aussendet, ist auf dieser Frequenz auch für den Empfang erreichbar. Zeige ich mich fröhlich und glücklich, ziehe ich Menschen an, die in einer ähnlichen Stimmung sind. Bin ich der Miesepeter der Firma, werden sich diejenigen zu mir gesellen, die ähnlich negativ orientiert sind.

Unsere Sicht auf die Dinge ist entscheidend. Ich kann meine Mitmenschen und meine Umwelt grau in grau sehen oder aber die positiven Aspekte in den Mittelpunkt meiner Betrachtung stellen. Dann freue ich mich im trübsten Regenwetter über den schönen

Kaffee, den ich in einem Bistro trinke. Wenn ich die Dinge nicht mehr so schwer und genau nehme, sondern mit Leichtigkeit an die Alltagsprobleme gehe, erscheinen sie mir weniger bedrohlich. Und ich werde Menschen kennen lernen, die dem hässlichen Wetter ebenfalls positive Aspekte abgewinnen. Ich kann durch das Aussenden meiner Gedanken auch meine Umwelt ändern. Einem fröhlichen Menschen begegnet man anders als einem leidend aussehenden. Denke ich positiv, konstruktiv und strebe ich Harmonie und Freude an, so werde ich mit Sicherheit ähnliche Menschen anziehen und von diesen angezogen werden.

Das gilt auch in der Partnerschaft. Wer Liebe sät, wird Liebe ernten. Oder im Negativen: Wer Gift sprüht, wird Gift zurückbekommen. Wenn ich also meinem Partner etwas verheimliche, muss ich damit rechnen, dass er mir auch etwas verheimlicht. Wenn ich ihn hintergehe und anlüge, kann ich davon ausgehen, dass er es mir heimzahlen wird. Wenn ich über meinen Partner schlecht denke, werde ich immer das Gefühl haben, er denkt genauso über mich. Negative Gedanken zerstören jede Beziehung. Ich sende die Ursache und darf mich über die Wirkung nicht wundern.

Hier liegt der Schlüssel zu dauerhafter Lebensfreude und Gesundheit. Der Entschluss, negative Gedanken zu vermeiden und sich bedingungslos positiv zu programmieren, kann sich bis hin zur Vermeidung und Bewältigung von Krankheiten auswirken.

Deshalb gilt: Eine Lebensumkehr wird nur möglich mit einer radikalen Hinwendung zu positivem, lebensbejahendem und Krankheit ablehnendem Denken. Dafür allerdings reicht es nicht, mit einem lockeren Spruch auf den Lippen morgens ins Büro zu gehen und seine Kollegen mit überschwänglicher Freundlichkeit aufzuheitern. Sondern es bedarf einer bewussten Gedankendisziplin über den ganzen Tag hinweg. Das schafft niemand spontan, denn Gedankenkontrolle muss trainiert werden.

Trainingsanleitung für eine gesündere Einstellung

1. Immer wieder tauchen aus dem Unterbewusstsein Impulse auf, die unsere Gedanken, Worte und Handlungen beeinflussen. Ein häufig vorkommendes Beispiel in der Partnerschaft sind Gedanken wie «Ich falle immer auf seine Ausreden herein» oder «Er will mich doch nur unterdrücken». Diese Gedanken sind gefährlich. Weil man davon ausgeht, dass der andere immer nur Macht ausüben will, wird man es auch so empfinden und entsprechend reagieren. Neutral gemeinte Aufforderungen wie «Denk daran, das Licht auszumachen» werden als Befehl gedeutet und abgewehrt. Der Partner fühlt sich wiederum ungerecht behandelt und antwortet entsprechend barsch. Man erlebt also Dinge in der Realität, die sich ursprünglich nur in der Vorstellung abgespielt haben. Die Folgen sind klar: «Siehst du, wieder ein Beweis dafür, dass meine Vorstellung stimmt. Ich wusste doch, dass du mit den blöden Lampen nur deine Macht beweisen willst.» Verlassen kann man diesen verhängnisvollen Kreislauf nur, indem man das Denken und die Vorstellung ändert. Wie wäre es zum Beispiel mit: «Egal, wie oft er mich angelogen hat, diesmal wird er es nicht tun», oder: «Er hat verstanden, dass ich mich nicht unterdrücken lasse, und es aufgegeben.» Diese Bildung übergeordneter Vorstellungen ist die sichere Anleitung zum positiven Denken und zur Bildung neuer Gedankenmuster. Alte, schädliche Programme werden so ausgeschaltet und führen nicht länger in die Sackgasse.

2. Bei der Bildung übergeordneter Vorstellungen keine negierenden Worte verwenden! Begriffe wie «keine», «niemals», «nichts» haben in unseren Vorstellungsgebilden nichts zu suchen. Statt «Ich will mich nicht mehr streiten» formuliert man besser: «Ich werde mich vertragen.» Oder statt «Ich lasse nicht mehr zu, dass

mein Mann so mit mir umspringt» formuliert man: «Ich bin eine selbstbewusste, intelligente Frau und will auch so behandelt werden.»

3. Keine Abwertungen anderer! Wer Negatives über andere sagt oder denkt, belastet mit seinem negativen Gedankenkomplex sein Innerstes. Oft kommt alter Ärger wieder hoch, man vergleicht, fühlt sich selbst betroffen und dementsprechend auch nicht mehr wohl. Wenn man etwas Unangenehmes liest oder hört, verstärkt sich dieser Aspekt noch. Jeder weiß doch, wie einen negative Schlagzeilen auf der Titelseite einer Zeitung oder eine Katastrophennachricht in der «Tagesschau» noch für Stunden belasten können.

4. Genauso wie man nicht über andere negativ denken sollte, darf man es auch nicht über sich selbst. Aber die Selbstabwertung hat bei vielen Menschen einen großen Stellenwert. Wer kennt nicht Aussagen wie «Das habe ich noch nie gekonnt!», oder: «Das liegt mir überhaupt nicht.» Bei Frauen hört man häufig: «Das Kleidungsstück kann ich nicht tragen. Dafür bin ich zu dick.» Besonders abwertende Gedanken und Äußerungen wie «Mich mag keiner» oder «Ich bin für alles zu dumm» holen einen früher oder später mit Sicherheit ein.

5. Die Ausdrucksweise ist der Spiegel der Gedanken und Vorstellungen. Deshalb sollte man unentschlossene Ausdrücke wie «eigentlich», «eventuell», «ich weiß nicht so recht» vermeiden. Sie stehen für unklare Gedanken, und die sind immer hinderlich.

6. Jammern abstellen! Menschen, die ihre Probleme lösen können, haben keinen Grund, um Mitleid zu bitten. Den haben nur solche, die sich wirklich allein nicht helfen können. Alle anderen wollen hauptsächlich Aufmerksamkeit und Zuwendung. Doch die hat man sich mit ständigem Jammern nicht verdient. Und mit posi-

tivem Denken, das wir ja anstreben, hat Jammern auch nichts zu tun.

7. Bei anderen Menschen und bei sich selbst immer zuerst das Positive sehen. Als Übung sollte man versuchen, drei positive Eigenschaften seines Partners aufzuschreiben. Man wird feststellen, dass man ihn plötzlich mit ganz anderen Augen sieht. Beim Thema Kritik fällt einem nämlich immer schnell etwas ein. Doch wenn es darum geht, jemanden zu loben, tut man sich schwer. Positives Denken ist ein mächtiges Werkzeug, das einem das Leben ungemein erleichtern kann. Wenn man einen Plan wie «Ich werde meine Ehe in den Griff bekommen» mit viel festem Glauben und innerer Überzeugung angeht, wird man es fast immer schaffen, ihn umzusetzen. Selbstzweifel, Unsicherheit und Skepsis fördern dagegen das Gegenteil.
Es ist also wichtig, klare, kraftvolle Vorstellungen zu entwickeln und sie nicht gleich wieder über den Haufen zu werfen.
Positives Denken ist eine wichtige Voraussetzung für das Gelingen unserer Pläne und Wünsche. Alles, was dazu nötig ist, ist Gedankenkontrolle. Wer seine Gedanken beherrscht, wird viel in seinem Leben ändern können. Wichtig ist nur, dass es ständig und pausenlos passiert.

8. Wer positive Gedanken aussendet, wird positive Gedanken zurückbekommen. Ebenso ist es mit anderen Reaktionen. Man reagiert auf Aggressionen, Wut, Ärger mit den entsprechenden Gegenreaktionen und hat im Nu den schlimmsten Krach. Jeder weiß doch, wie entspannend ein Lächeln wirken kann. Man sitzt in der Straßenbahn, ärgert sich über das Wetter, die Verspätung, den miesen Tag, und plötzlich ist da ein Lächeln. Sofort sind die Gedanken weggeflogen. Man fühlt sich wie aus dem Alltag gerissen, plötzlich wieder leicht, froh,

zufrieden. Warum nicht selbst anfangen und positive Impulse aussenden, indem man nur noch positive Gedanken zulässt?

Wer diese Regeln dauerhaft beherzigt, wird schon innerhalb kürzester Zeit erleben, dass sich sein Leben zum Guten wendet. Die Möglichkeiten gezielter Gedanken sind nahezu unbegrenzt.

Partnerschaft meistern

Eine dramatisch hohe Scheidungsquote, krank machende Ehen, Schläge und Psychoterror in Schlafzimmern. Kann man Partnerschaft überhaupt noch leben? Lässt sich das Eheschiff überhaupt jahrzehntelang durch stürmische See steuern? Die Antwort ist ja! Man muss nur die Spielregeln kennen und anwenden. Partnerschaft lässt sich meistern. Sie kann glücklich machen und dauerhaft Sicherheit und Geborgenheit geben. Aber man darf sich nicht mit oberflächlichem Glanz zufrieden geben, sondern muss hellwach pausenlos hinter die Maske gucken, Fehlentwicklungen sofort aufdecken und zu bereinigen versuchen. Das kostet Energie, Zeit und Kraft, aber es lohnt sich. Wer es geschafft hat, kann am Ende eines langen Ehelebens sagen: «Das Beste in meinem Leben war mein Partner!» Auch wenn bis dahin manche Hürde zu nehmen war.

Sabine (32) und Udo (34) galten als Traumpaar. Beide hatten sich im Studium kennen gelernt und waren seitdem unzertrennlich. Selbst die ungeplante Schwangerschaft und die Geburt ihres Sohnes Paul konnten der Harmonie nichts anhaben. Nie fiel zwischen den beiden ein böses Wort. Sie verstanden sich mit einem Blick. Während die Ehen ihrer Freunde mit lautem Donnerhall zerbrachen, pflegten Sabine und Udo ihre unauffällige Eheidylle. Alles lief bei ihnen wie geschmiert. Beide beendeten gleichzeitig ihre Ausbildung, beide fanden gut bezahlte Jobs. Sohn Paul wurde von Sabines Mutter bestens betreut. Wenn Sabine nach Hause kam, war er schon in der Wohnung, und sie konnte die restliche Zeit für den Kleinen da sein. Udo widmete seine Freizeit auch ausschließlich der Familie. Hobbys brauchte er nicht. Am liebsten saß er mit Frau und Kind in seinem Haus. Eine Bilderbuchfamilie!

Ihr großer Freundeskreis kam gern zu ihnen. Man schätzte die Friedlichkeit und Harmonie. Ihr Haus war wie eine Insel der Glückseligkeit in der feindlichen, rauen Welt. Hier traf man zwei Menschen, die die Ehe aufrechterhielten, auch wenn um sie herum

kaum noch jemand verstand, wie man ein Leben lang zusammen-
bleiben kann.

Doch plötzlich war Sabine weg. Sie hatte sich in einen Gärtner
verliebt, der ihren neu angelegten Garten bestückt hatte. Ein verwe-
gen aussehender Typ mit kernigem Auftreten. Eine Woche hatte er
im Garten gearbeitet. Eine Woche, in der Sabine gerade Urlaub hatte. Als der Gärtner fertig war, nahm sie ihren Sohn und zog in einer
Nacht-und-Nebel-Aktion zu ihm. Udo kam am Abend nach Hause
und fand nur ein paar Zeilen. «Ich liebe einen anderen. Leb wohl!»

Udo war fassungslos. Die Freunde waren ratlos. Keiner konnte
sich erklären, was in dieser Ehe schief gelaufen war. «Bei euch war
doch alles immer so harmonisch», sagten alle einstimmig. Nur Sabine sprudelte heraus, was niemand geahnt hatte. «Es war unerträglich. Ich konnte nie mit Udo streiten. Meine Ehejahre waren pure
Langeweile. Wann immer ich etwas ausdiskutieren wollte, gab er
mir Recht, drückte mich an sich und meinte nur: ‹Wenn du das
willst, Liebling, dann machen wir es so!› Nie gab es Reibungspunk-
te, Diskussionen und Auseinandersetzungen, an denen ich erkannte, wo Udo stand. Zuletzt konnte ich die Person Udo gar nicht mehr
finden. Er war für mich zu einer Masse Mensch ohne Profil, Eigenleben und Kontur geworden.»

Sabine ist bei ihrem Gärtner geblieben. Die beiden führen eine
turbulente Beziehung. «Es kracht mächtig!», sagt Sabine. «Ich ge-
nieße es richtig, seine Standpunkte herauszukitzeln. Bei ihm weiß
ich immer, wo er steht und woran ich bin.»

Mit Auseinandersetzungen umgehen

Streit zwischen Partnern ist nicht nur unausweichlich, sondern sogar wichtig. Paare, die miteinander streiten, so wie Sabine und ihr
Gärtner, setzen sich auch auseinander, lernen vom anderen und
wachsen miteinander. Allerdings muss man richtig streiten, sonst
landet man nur in der Sackgasse. Fast alle geschiedenen Menschen,
die in einer Umfrage des Forsa-Instituts von 1999 befragt wurden,
gaben an, dass zu häufige Streitereien Grund ihres Auseinanderge-

hens waren. Falsch geführter Streit verletzt, hinterlässt Narben auf der Seele und macht irgendwann krank. Bei einem Paar, das lange zusammenlebt, kennt jeder die wunden Punkte des anderen und ist in der Lage, genau dort grausame Tiefschläge zu versetzen. Das muss ins Aus führen.

Fairer Streit kann dagegen Spannungen vermindern. Paare, die dazu in der Lage sind, mit weniger Lügen und Hemmungen zu leben, können gefühlsmäßig wachsen, produktiver und kreativer sein. Und sie empfinden auch weniger Langeweile. Denn in intimen Beziehungen ist Ignoranz immer schädlich. Man lebt nebeneinanderher und interessiert sich nicht mehr für die Belange und die seelische Befindlichkeit seines Partners. Natürlich kommt dann kein Streit auf. Warum auch? Was der andere denkt oder fühlt, ist ja egal. Doch man lebt nur in scheinbarem Frieden. Die Stille, die herrscht, ist in Wirklichkeit der Tod der Beziehung. Man ist seelisch einsam und im Grunde längst getrennt. Seelisch ist die Scheidung schon vollzogen, nun fehlt nur noch der formelle Schritt.

Nur wenn man diskutiert und sich schließlich nach «zähen Verhandlungen» einigt, kommt es zu einem Geben und Nehmen in der Beziehung. Wirkliche Partner leben und streiten, weil sie Interesse aneinander haben. Sie wollen wissen, wo der andere steht. Sie interessieren sich für seine Gefühle, gehen darauf ein und suchen nach Klarheit. So gewinnen sie neue Erkenntnisse und bleiben seelisch miteinander verbunden.

Streit und Aussöhnung sind ein Merkmal wahrer Intimität. Widerstreitende Interessen gibt es überall. Jeder hat nun mal seine eigenen Ansichten und muss versuchen, sich durchzusetzen, abzuwägen, Kompromisse zu finden. Der Schmerz des Konflikts ist der Preis der wahren, dauerhaften Liebe. Jede Beziehung besteht nun mal aus einem Auf und Ab. Verhält der Partner sich so, wie ich es erwarte, liebe ich ihn, fühle mich obenauf. Tut er das Gegenteil, empfinde ich Enttäuschung und versinke im Tief, in der Resignation. Stellen Sie sich vor, weder Liebe noch Enttäuschung würden Ihr Innerstes berühren? Richtig, dann wäre die Liebe tot. Glück und Leid sind auch in der Partnerschaft unweigerlich aneinander gebunden. Gleichgültigkeit ist der erste Schritt zur innerlichen Trennung. Was folgt, ist eine der vielen Millionen Ehe-Fassaden. Man lebt körperlich zusammen, hat aber innerlich längst abgeschaltet. Das Gefühlsleben ist verkümmert. Es herrscht seelische Eiszeit. Langeweile, gelegentliche Untreue und eine verlogene Fassade ehelicher Intimität bestimmen das Leben. Man lädt die Freunde zum Grillen ein, geht Einkaufen, pflegt den Garten, spielt das Programm Familienidylle. Doch dahinter steht keinerlei Anteilnahme mehr. Man lebt in einem Kartenhaus, das nur noch aus Phantasie und Vergangenheit besteht. Man lebt so, weil es alle von einem erwarten. Gesellschaftliche, religiöse, wirtschaftliche und gesetzliche Zwänge halten äußerlich zusammen, was innerlich längst getrennt ist.

Beständige Nähe zwischen Mann und Frau kann nicht gelebt werden, wenn man die Auseinandersetzung scheut. Es bringt nichts, sich stattdessen in schnelle Reize wie Kurzreisen, Alkohol oder Kaufräusche zu flüchten. Man verwöhnt sich äußerlich, weil man innerlich nichts mehr kriegt. Hinter den gelackten Neubaufassaden hat man verlernt, Versagen und Unglück miteinander zu teilen, Krisen zu meistem, das Leben miteinander zu bewältigen. «Wir streiten uns nie!», tönt man bei jeder Gelegenheit und hat längst aufgegeben, den anderen wahrzunehmen.

Warum tun sich viele so schwer damit, offen und konstruktiv zu streiten? Ganz einfach, unsere gesellschaftlichen Vorstellungen stehen dem entgegen. Aggressionen sind negativ, Streit «gehört» sich nicht, schon gar nicht unter Ehepartnern. «Die Ehe funktioniert nicht, die streiten sich doch immer» ist ein häufig gesagter Satz, wenn es um Einschätzungen von Partnerschaften geht. Streit ist tabu. Er ist nicht vornehm und zeigt, dass man sich mit der Auswahl seines Partners vertan hat. Wir leben in der Zeit der Vernunft, der gegenseitigen Verständigung. Nur dumme Trottel streiten um Gartenzäune und falsch geparkte Autos. Man spricht im Beruf von Differenzen, im Privatleben von Harmonie. Man hat doch gelernt, sich zu beherrschen. Die meisten Menschen meinen deshalb, ihre Ehestreitigkeiten geheim halten zu müssen. Wenn es «kracht» und das jemand mitbekommt, sucht man nach Entschuldigungen und Ausreden. Oder man vermeidet ihn aus Angst, das zu zerstören, was man jahrelang aufgebaut hat: Ehe, Haus, Familienidylle. Nur nicht daran rühren, sonst ist alles vorbei! Also steckt man weg. Dabei ist richtig streiten eigentlich nicht schwer.

Folgendes muss man dazu wissen:

Auch Kleinigkeiten ansprechen Meist geht es um Kleinigkeiten – so sieht es zumindest aus. Doch in Wirklichkeit steht hinter den Kleinigkeiten ein mit verdrängten Problemen randvoll gefülltes Fass. Unzufriedenheit und Beschwerden werden über lange Zeit angesammelt. Dann genügt der berühmte Tropfen, und das Fass läuft über. Paare, die regelmäßig und konstruktiv streiten, brauchen es nicht so weit kommen zu lassen. Sie müssen sich keine seelischen Verletzungen zumuten. Sie investieren täglich in die eheliche «Hausarbeit» und haben deshalb immer eine «saubere» Küche. Es ist wie mit der Buchführung, die doppelt so lange dauert, wenn man die Belege verschlampt hat. Wer Ordnung in seinen Papieren hat, braucht nur einen Handgriff, um etwas abzuheften.

Die richtigen Waffen wählen Wer regelmäßige Auseinandersetzungen nicht scheut, behält die Spontaneität der Begegnungen, aber er unterdrückt und lenkt seinen impulsiven Zorn. Man sollte nicht gleich zur Handgranate greifen, wenn ein Anstupsen reicht. Also: Nicht mit Kanonen auf Spatzen schießen! Wer klug streitet, stellt die Auswahl seiner Waffen immer auf den Ernst des Problems ab.

Schmerzgrenzen respektieren Jeder Mensch hat seine individuelle Gürtellinie, eine selbst gezogene Grenze. Oberhalb kann er mit Verletzungen umgehen. Unterhalb schmerzt es richtig. Manche Menschen ziehen sie bis über die Ohren, um bei jeder Kleinigkeit den Beleidigten spielen zu können. Solche Empfindlichkeit ist realitätsfremd. Am besten findet man in Gesprächen heraus, wo die jeweiligen Grenzen liegen. Was in den Bereich der Normalität gehört, kann man gemeinsam erarbeiten. Wichtig ist aber, dass der Partner weiß, wo die Gürtellinie des anderen ist. Das heißt, man muss sie deutlich zeigen.

Den Partner niemals in die Ecke drängen In keinem Streit sollte man den Partner in die Ecke drängen. Er weiß sich nicht zu wehren, bekommt Panik, schlägt um sich – und verletzt erneut. Erfahrene Streiter treiben ihren Gegner niemals in die Enge. Das wäre nicht nur unfair, sondern auch gefährlich. Ehelicher Streit soll nicht zum Knockout führen wie ein Boxkampf. Das Ziel dahinter ist nicht der Sieg, sondern eine Veränderung zum Besseren, ein Kompromiss. Man kann den Streit nutzen, mehr über den anderen und seine Einstellung zu erfahren. Zum Ziel kommt man nur, wenn man dem Partner das Selbstvertrauen lässt, elegant aus einer Situation zu kommen. Sonst gibt es womöglich einen Stellungskrieg, der in der Regel lange dauert.

Ehrlichkeit um jeden Preis? Es gibt nur ein Gebiet, auf dem wirklich nicht immer die volle Aufrichtigkeit angemessen ist. Das ist das Gebiet der Sexualität und des Treuebruchs. Sowohl Phantasien als auch wirklich ausgelebte Affären können kränken, verletzen und die Liebe töten. Vorsicht ist hier besser als ein ungetrübter Hang zur Ehrlichkeit. Viele Paare nehmen sich zu Beginn ihrer Partnerschaft vor, es dem anderen zu sagen, wenn Gefahr durch einen Dritten droht. «Wir wollen ehrlich miteinander umgehen», versprechen sie sich. Doch oft ist das gar nicht ratsam. Man scheucht vielleicht auf, wo noch nichts passiert ist. Diskretion und Takt sind bei heiklen Themen wie zum Beispiel die Liebesaffären der Vergangenheit wichtiger. Bei sexuellen Fragen ist die Toleranzgrenze in der Regel sehr niedrig und Schweigen oft besser als unüberlegtes Herausplaudern. Ein harmloser Flirt muss nicht gebeichtet werden. Wer nur ein Kribbeln im Bauch spürt, sollte es für sich behalten und den Partner nicht mit seinem Gefühlsrausch quälen. Auch unnötiges Nachbohren zu vergangenen Partnerschaften wirkt eher kontraproduktiv. Wenn es wirklich mal zum Seitensprung kommt, sollte man sich gut überlegen, ob Offenheit der beste Weg ist – zumal wenn es sich um etwas Einmaliges handelt. Womöglich richtet man mit zu viel Offenheit Schaden an, der nicht wieder gutzumachen ist.

Sachlich bleiben   Fast jeder wird in der Hitze des Gefechts blind. Deshalb sollte man nicht schon aufgebracht in eine Diskussion gehen, sondern nur in kühler Verfassung streiten. In einer entspannten Atmosphäre zu diskutieren bringt mehr. Beide ertragen Konflikte besser, können sachlicher aufeinander eingehen.

Man verliert sich bei hitzig geführten Debatten schnell im Detail oder kommt vom eigentlichen Thema ab. In den Jahren 1997 bis 1999 am Institut für Sozialmedizin der Kölner Universität durchgeführte Untersuchungen haben ergeben, dass sich 90 Prozent der Paare nach zwei Tagen zwar noch bestens an die jeweiligen Boshaftigkeiten erinnern, doch den Anlass des Streits kaum mehr nennen können. Fragen Sie doch mal gute Freunde, worüber sie sich in den letzten Tagen gestritten haben. Kaum jemand hat die Antwort parat. Aber genau wird erinnert, dass er geschrien hat, die Tasse gegen die Wand geworfen oder die Tür geknallt. Alles ist präsent. Sogar über Jahre werden im Streit erlittene Kränkungen behalten und auch immer wieder herausgeholt und einander vorgeworfen. Die erlittenen Verletzungen, die Schmerzen und Folgen der Zusammenstöße werden peinlichst genau gespeichert. Nur der Auslöser der Auseinandersetzung ist längst vergessen. Das zeigt, wie weit man sich im Streit von der eigentlichen Ursache entfernt. Man hüpft von einem Ärgernis zum anderen, regt sich über gerade gemachte Bemerkungen auf, versteigt sich in allgemeine Beleidigungen. «Du warst doch schon immer ein Egoist», oder: «Das ist ja typisch für dich, dass du das nicht wahrhaben willst.»

Die eigene Wut trübt die Erinnerung. In der Hitze des Gefechts, wenn man ärgerlich, angespannt und vielleicht sogar ängstlich ist, kann man nicht mehr klar denken. Man sollte das Gespräch dann lieber abbrechen, Ruhe einkehren lassen und danach von vorn beginnen, statt sich auf unwichtigen Nebenschauplätzen zu verlieren. Sätze wie «Was wolltest du eigentlich vorhin damit sagen?» oder «Lass dir jetzt mal in Ruhe erklären, warum ich so reagiert habe» helfen, das Gespräch wieder aufzunehmen und am Thema zu bleiben.

Unterstellungen vermeiden Es gibt den «Streitspanner», das ist jemand, der seinen Partner pausenlos beobachtet und in seinem Kopf Beweise sammelt, um sie bei passender Gelegenheit wie aus einer Maschinenpistole abzufeuern und den Gegner in die Knie zu zwingen. Ständig drehen sich beim Streitspanner Fragen im Kopf: «Warum erwähnt sie jetzt ausgerechnet ihren Exmann? Warum hat sie der Schwiegermutter von uns erzählt? Wieso plant sie den Hausbau erst im September?» Wenn er glaubt, die Antwort zu wissen, präsentiert er seine Unterstellungen. «Ich weiß jetzt auch, warum du deinen Exmann erwähnt hast. Du hast ja selbst die Erklärung gegeben. Weil du dich an ihn erinnert fühlst. Offenbar hast du die Beziehung noch nicht vergessen.» Solche Vorhaltungen führen beim anderen zu Wutausbrüchen. Der Streit eskaliert und bringt kein sinnvolles Ergebnis mehr.

Distanz respektieren Gemeinsamkeit ist gut, doch man muss auch das Eigenleben des anderen achten und seinen Wunsch nach Distanz respektieren. Jeder Mensch hat etwas, was er für sich behalten möchte. Sinnloses, dauerndes Hinterfragen auch der letzten Seelenregung strapaziert unnötig. Man kann die Gedanken des anderen nicht lesen. Man muss damit leben, dass es etwas gibt, was ihm ganz allein gehört.

Auf Charakteranalysen verzichten Wer hat das nicht schon gehört: «Ich kenne dich in- und auswendig. Du hast das aufbrausende Naturell deines Großvaters.» Solche Charakteranalysen kommen einem Frontalangriff gleich. Der Partner muss bei solchen Hinweisen wütend werden, denn es ist ja seine Gesamtpersönlichkeit angegriffen. Wenn er dann noch entsprechend antwortet, ist das Desaster perfekt. Man kann bei solchen Vorhaltungen gut von Charaktermord sprechen. Man deutet die gegnerischen Sünden, sucht Erklärungen, die einem gut in den Gesamtzusammenhang zu passen scheinen, und drückt damit den Partner unweigerlich an die Wand. «Du schreist ja nur, weil du innerlich begriffen hast, das du im Unrecht bist.»

Das ist, als würde man mit der Fliegenklatsche zuschlagen. Patsch! Das war die Erklärung. Sieh zu, wie du damit zurechtkommst.

In die Schublade der unfairen Streitereien gehört auch das Typisieren. Einen Ehemann oder eine Ehefrau in ein Klischee zu pressen kann nicht erfolgreich sein. Man stempelt den anderen ab, ordnet ihn ein. «Du warst schon immer eine Schlampe!» oder «Du bist ein typischer Egoist» kann nur die Abwehrhaltung des anderen hervorrufen. Beleidigungen wie Sadist, Muttersöhnchen oder Lügner müssen in die Sackgasse führen. Solche Unterstellungen und Beleidigungen zerstören Emotionen, vernichten das Selbstwertgefühl des anderen und ruinieren das Vertrauen. Bei solchen Spielen kann es nur Verlierer geben. Meist antwortet nämlich der Partner entsprechend, und die Hassspirale setzt sich fort. Man sinnt nur noch auf Rache und verliert das eigentliche Thema aus den Augen.

Man sieht also, es ist ein harter Weg, eine beständige, erfüllende Partnerschaft zu führen. Wer über Jahrzehnte eine Lebensgemeinschaft aufrechterhalten will, muss ständig an sich und den Rahmenbedingungen arbeiten. Es ist wichtig, den Partner und seine Bedürfnisse im Augen zu behalten, um mit und an ihm zu wachsen und sich gemeinsam neue Ziele zu setzen. Partnerschaft soll bereichern, befruchten. Man soll sich miteinander besser fühlen als allein. Doch was ist, wenn das alles trotz bester Vorsätze nicht klappt? Man versucht auf den anderen einzugehen, ihm alles recht zu machen, und trotzdem gibt's dauernd nur Zank. Man versteht längst nicht mehr, was der andere von einem will, und sehnt sich im Grunde seines Herzens nur noch nach Ruhe. In diesem Stadium beginnen Paare, getrennte Wege zu gehen. Unauffällig schieben sie Termine vor, geben an, sich um die kranke Tante kümmern zu müssen, oder suchen sich ein zeitaufwendiges Hobby. Man will sein Lebensgebäude nicht einreißen, deshalb stiehlt man sich klammheimlich aus der

Partnerschaft. Doch irgendwann erträgt man auch die unvermeidbare Nacht im gemeinsamen Haus, das kurze Miteinander auf Familienfesten und die monotonen Sonntage nicht mehr. Man sehnt sich immer öfter nach einem Leben jenseits der kalten Herzen.

Bleiben oder gehen? –
Zehn Fragen, die die Antwort erleichtern

Den Koffer packen, das Taxi rufen und einfach der Ehe den Rücken kehren. Den Mann, mit dem man sich gerade mal wieder gestritten hat oder der einen zum wiederholten Mal so bitter enttäuscht hat, möchte man einfach verlassen. Wer längere Zeit liiert ist, hat diese Szene garantiert schon mal durchgespielt. Es sind spontane Reaktionen der Wut, der Enttäuschung und manchmal auch der Müdigkeit nach einem endlosen Streit. Jeder kennt es, doch kaum einer tut es. Denn im Grunde will man es ja nicht. Sabine B. (60), erfolgreiche Seelsorgerin, sagt: «Mit Mitte vierzig hatte ich eine tiefe Krise. Ich sehe mich noch am Kleiderschrank stehen und denken: Jetzt gehst du einfach! Warum, kann ich gar nicht mehr sagen. Ich glaube, ich hatte einfach keine Lust mehr auf die Dauerbelastung mit Mann, Kindern, Haushalt, Halbtagsjob. Ich habe geweint und mir dabei Gedanken über meinen neuen Wohnort gemacht. Ich wollte nach Hamburg ziehen. Doch dann kam alles ganz anders. Ich bin geblieben. Warum? Ich glaube, ich hatte einfach keine Zeit zu gehen. Als ich sie zehn Jahre später hatte, waren die Probleme bewältigt. Heute bin ich glücklich mit meinem Mann, zwei Enkelkindern und meinem erfüllenden Beruf.»

Doch es gibt auch Trennungsgedanken, die sich deutlich von diesen spontanen, meist aus der Überforderung geborenen unterscheiden. Sie gehen einem nicht mehr aus dem Kopf, spuken auch im Hirn herum, wenn man mit dem Partner auf einer Party sitzt oder die Urlaubsreise plant. Man denkt ständig: Will ich das wirklich? Ist das nun mein Leben? Soll ich so weitermachen? Was kommt danach? Gedanken, die wie ein Todesengel über der Ehe schweben und ihr dann, oft reicht ein falscher Satz zur falschen Zeit, irgendwann auch den Todesstoß versetzen. Man ruft ein Taxi ... so wie Ursula N. (52) aus dem hessischen Schwalbach.

Brustkrebs, ein gutartiges Unterleibsgeschwür, Eierstockentzündungen und jetzt chronische Verstopfung. Drei Jahre lang war Ursula nur noch krank. Die ehemals immer kerngesunde Frau litt darüber hinaus an ständigen Schmerzen im Unterbauch. Doch die Ärzte konnten nichts finden. «Irgendetwas macht Sie kaputt», sagte schließlich eine einfühlsame Ärztin bei einer Abschlussuntersuchung. «Denken Sie doch mal nach, was in Ihrem Leben nicht stimmt. Oder wissen Sie es vielleicht längst?» Die wie nebenbei gestellten Fragen der Ärztin rüttelten Ursula auf. Die Medizinerin hatte Recht. Im Grunde wusste Ursula längst, was sie kaputtmachte: ihre Ehe!

«Mein Mann geht ständig fremd», brach es noch im Behandlungszimmer aus Ursula heraus. Sie erzählte, dass er ständig Affären hatte, seine Freundinnen sogar zu Hause anrufen ließ und offen vor den Ohren seiner Frau Verabredungen mit ihnen traf. Das Absurde: Ursula ließ sich diese Demütigungen nicht nur gefallen, sie verwöhnte trotzdem ihren Mann noch nach Strich und Faden und billigte sich selbst nicht mal einen Bruchteil seiner Freiheiten zu. Bruno arbeitete als Autoverkäufer, fuhr einen schicken Wagen und konnte jede Verabredung mit einem Haustermin bei einem interessierten Käufer entschuldigen. Er kam und ging, wann er wollte. Wenn es spät geworden war, hatte man eben noch länger zusammengesessen.

Solche einträglichen Verkäufe lassen sich eben nicht nebenbei erledigen. Da muss man einfühlsam sein, gab er vor. Ursula wusste genau, was sie darunter zu verstehen hatte, aber sie schwieg, duldete es und litt. Doch wenn sie an einem Abend nicht zu Hause war, weil sie zum Sport ging oder sich mit einer Freundin verabredet hatte, hing gleich der Haussegen schief. Bruno schimpfte sie aus, nannte sie vergnügungssüchtig und machte so lange Stress, bis sie freiwillig die nächsten Verabredungen absagte. Das Ergebnis war ganz in seinem Sinne. Er ging seiner Wege, oft an der Seite einer hübschen Frau. Sie saß zu Hause und bereitete ihm das Essen. Wenn er kam, servierte sie ihm ihre Spezialitäten, die er dann noch nicht einmal würdigte. Wenn eine Dame anrief, hatte Ursula nett zu sein, weil es ja eine Kundin sein konnte. Wenn er sich dann zum Kaffeetrinken verabredete, ging es natürlich nur um ein schickes Cabrio, das sich die Dame auf einer Probefahrt ansehen wollte.

Ursula wusste genau, was sich abspielte, doch wenn sie es ansprach, wurde sie von Bruno als krankhaft eifersüchtige, hysterische Ziege abgestempelt, die ihrem Mann die Karriere und das Einkommen vermiest. Sie war ihm machtlos ausgeliefert. Als sie das erkannte, fügte sie sich in ihre Rolle und versuchte sich mit dem kläglichen Rest ihrer Persönlichkeit aufrecht zu halten. Vermutlich hätte sie Bruno die nächsten zwanzig Jahre über noch die Knöpfe angenäht, die Hemden gebügelt und ihm jeden Abend sein Lieblingsessen gekocht, wenn ihre Seele nicht gestreikt hätte.

Die dauernden Krankheiten belasteten auch ihn. Er wollte nicht ständig zu Ursula ins Krankenhaus laufen und sagte ihr das auch. Lieblosigkeiten, die wiederum neue Krankheiten auslösten. Es entstand ein verhängnisvoller Kreislauf, in dem beide unterzugehen drohten. Sie lag mit ihren ständig neuen Beschwerden auf dem Sofa, konnte ihn nicht mehr verwöhnen. Die ohnehin längst absurd gewordene Ehe drohte in völliger Sinnlosigkeit zu verkommen. Ursula erkannte das nicht. Sie war so erzogen worden, dass man einen Partner braucht und das man als Geschiedene nur eine Frau zweiter Wahl ist. Außerdem hatte sie Angst vor dem Alleinsein. Also war sie bemüht, die Ehe um jeden Preis zu erhalten. Doch sie konnte es nicht. Die Ärzte warnten sie. «Sie werden zugrunde gehen, wenn sie sich nicht trennen», sagte die Ärztin offen.

Den Todesstoß gab aber Bruno der Ehe. «Was soll ich denn mit einer kranken Frau? Das macht doch keinen Spaß mehr», schoss es eines Tages aus ihm heraus. Da begriff Ursula: «Er ist ein Schwein!» Sie realisierte, dass sie seit Jahren in einem Traum lebte. Sie packte ihre Koffer, bestellte sich ein Taxi und fuhr zu einer Freundin. Dort wurde sie liebevoll aufgenommen. Gemeinsam telefonierten die beiden Frauen am nächsten Tag diverse Firmen ab. Eine Woche später saß Ursula mit neuer Frisur und neuem Make-up am Empfang eines Telekommunikationsunternehmens. In der Woche darauf bezog sie ihre eigene Wohnung. Den ersten Abend im eigenen Heim genoss sie mit Champagner in der Badewanne. «25 Jahre hatte ich Angst, meinen Mann zu verlassen. Ich habe mich unendlich quälen lassen und Wochen meines Lebens weinend auf Sofas gelegen. Und

plötzlich war es ganz leicht zu gehen. So unspektakulär, einfach, all-
täglich. Ich bin einfach gegangen. Nur dass ich diesmal nicht wie-
derkam. Und der Auslöser war dieser blöde Satz: ‹Was soll ich denn
mit einer kranken Frau?› Dabei hatte er mir doch schon viel Schlim-
meres gesagt, und ich bin auf dem Sofa sitzen geblieben.»

Bleiben oder Gehen? Man weiß heute nicht, was man morgen will.
Liebe ich meinen Partner noch, oder ist es nur noch Gewohnheit?
Will ich nur die Sicherheit der Ehe? Gebe ich zu schnell auf? Habe
ich überzogene Erwartungen? Bin ich selber schuld und in Wirklichkeit gar nicht partnerschaftsfähig? Man weiß nicht, ob die Ehe
zu gut ist, um sie aufzugeben, oder zu schlecht, um sie weiterzufüh-
ren.

Wer so hin- und hergerissen ist, gerät unweigerlich in ein Span-
nungsfeld. Unsicherheit und Verwirrung belasten, sind schwer zu
ertragen. Betroffene suchen Klarheit, wägen rund um die Uhr ab, ob
das, was sie haben, auch das ist, was sie wollen.

Was spricht für Bleiben? Was spricht für Gehen? Bestimmt hat
jeder in solchen Situationen schon einmal eine Liste geschrieben.
Rechts die positiven Punkte, links die negativen. Dann Strich drun-
ter und ablesen. Wer's versucht hat, weiß: Es klappt nicht. Warum,
ist leicht erzählt. Weil das Gedächtnis keine neutralen Daten liefert.
Man ist immer Gefangener seiner Phantasie, seiner momentanen
Befindlichkeit, seiner eigenen Wut, seiner romantischen Vorstellungen. Was einen heute furchtbar stört, ist morgen nicht mehr der
Rede wert. Man wirft schwere Gewichte in die Waagschale und
muss sie schon Stunden später durch leichtere ersetzen. Die Waage
kommt nicht zur Ruhe, sondern wackelt ständig hin und her. Waren die gemeinsamen Urlaube wirklich so furchtbar? Ach nein, da
fällt mir doch der romantische Abend an der Riviera ein. Ach, was
waren wir verliebt! Und schon schweift man wieder ab und belastet
die Positiv-Schale.

Experten raten, sich lieber mit konkreten Fragen auseinander zu
setzen. Statt in der Vergangenheit zu wühlen, sollte man versuchen,
die Gegenwart einzuschätzen.

Ein ehrlich beantworteter Beziehungscheck kann Klarheit darüber schaffen, ob die Partnerschaft ernsthaft gefährdet ist und ob professionelle Hilfe in Form einer Eheberatung sinnvoll ist.

Vorweg sei aber gesagt: Es gibt zehn Alarmzeichen, die hellhörig machen sollten. Treten mehr als sieben in der Beziehung auf, kann eine Trennung die richtige Entscheidung sein. Zumindest sollte aber dringend an der Beziehung gearbeitet werden. Denn eine Grundregel gilt immer: Kein Paar darf auseinander gehen, ehe es sich nicht ernsthaft um die Rettung der Partnerschaft bemüht hat. Oder anders ausgedrückt: Gibt es noch ein Prozent Hoffnung, die Ehe zu erhalten, sollte man es nutzen.

Ich statt wir Wenn man nicht als Paar denkt und handelt, ist es ein deutliches Alarmzeichen. In guten Ehen plant man immer für zwei. Wer eine Reise bucht, überlegt, wo sich beide wohl fühlen. Wer ein Restaurant aussucht, hat automatisch im Kopf, was der andere gern isst. Die Zukunft ist auf Gemeinsamkeit ausgerichtet, man baut ein Haus an einem Ort, der auch für den Partner attraktiv ist. Wenn man bei Verabredungen mit Freunden nicht mehr sagt: Moment mal, ich muss fragen, was meine Frau, mein Mann an dem Tag vorhat, besteht ein ernsthaftes Problem. Solche Beziehungen kann man vielleicht als Arbeits- oder Wohngemeinschaft durchgehen lassen, aber nicht als Ehe.

Mangelnde Loyalität Untreue, das Ausplaudern intimer Geheimnisse an Dritte, das Sichlustigmachen über den Partner bei anderen – das alles sind deutliche Anzeichen von Illoyalität. Ein Paar kann nur Intimität aufbauen, wenn es gemeinsam durch dick und dünn geht. Das heißt, wird einer von beiden angegriffen, steht ihm der andere bedingungslos zur Seite, wenn nötig, gegen den Rest der Welt. Gefährlich wird's, wenn er von Freunden angegriffen wird und sie sofort mit auf ihn einhacken und besonders laut zetert: «Das habe ich dir doch auch immer gesagt. Du wolltest ja nicht auf mich hören. Das hast du jetzt davon.»

Oder wenn er jede Gelegenheit nutzt, um sich auf ihre Kosten in den Mittelpunkt zu stellen. Da er ihre Eifersucht kennt, liebt er es, sie vor Freunden bloßzustellen, wenn eine hübsche Frau auftaucht. «Meine Frau mag gar nicht gern, wenn so charmante Damen an unserem Tisch sitzen.» Tödlich für die Liebe und ein Sargnagel für die Ehe.

Mangelnder Halt In einer Partnerschaft soll man sich wie in einem sicheren Hafen aufgehoben fühlen. Doch in vielen Beziehungen herrscht nur Druck. Man fühlt sich eingeengt, unfrei, ausgeliefert. Aus Angst anzuecken, verschweigt man die eigene Meinung. Statt seinen Interessen nachzugehen, bleibt man zu Hause sitzen. Wenn man nicht tut, was der Partner von einem erwartet, hat das Konsequenzen. Dann wird man nicht mehr geliebt und mit Nichtachtung, Beleidigtsein oder auch mit Aggression bestraft. Der Hafen wird zum freien Meer. Man fühlt sich wie ein sinkendes Schiff, einem unberechenbaren Hurrikan ausgesetzt. So eine Ehe gibt keinen Halt, sondern ist eine Belastung.

Respektlosigkeiten Ein großes Übel, an dem Ehen scheitern. Sie schleicht sich in die Partnerschaft, leise und unauffällig. Es fängt an mit der Erziehung. Man will den Partner zum Besseren zwingen. Was die Eltern versäumt haben, will man in der Ehe nachholen. Wenn's nicht mit leichten Hinweisen geht, muss man eben energischer auftreten. «Warum hast du schon wieder das Waschbecken nicht richtig geputzt?», oder: «Was fällt dir ein, schon wieder mein Auto zu nehmen?» Manche geben dem Partner gern zu verstehen, dass er dumm ist: «Du begreifst auch wirklich nichts», andere, dass er nicht gut aussieht: «Man sieht dir an, dass du vom Land kommst.» Respektlosigkeiten sind der Versuch, den anderen zu dominieren. Mit kleinen Demütigungen versucht man, Macht auszuüben. Wenn sie zur Regel werden, ist es ein Startschuss zur Trennung. Solche Beziehungen haben keinen Wert.

Verlorene Achtung Hubert hat es nie geschafft, mit Geld umzugehen. Seine Frau Anna teilt ihm sein Taschengeld zu. So eine Beziehung kann funktionieren, solange es stimmt mit der Achtung. Doch ein erwachsener Mann, der sich bis zur Hilflosigkeit betrinkt, der haltlos Geld ausgibt oder unkontrolliert losbrüllt, wenn ihm etwas nicht gefällt, verliert die Achtung des anderen. Eine Frau, die schlampig herumläuft, schmutzige Witze reißt und außer tollen Sprüchen nichts im Leben auf die Reihe kriegt, kann nicht als gleichwertiger Partner gelten. Wenn man vor seinem Partner die Achtung verliert, ist die Gleichwertigkeit dahin. Dann hat man ein Vater-Kind-, Vorgesetzter-Angestellte- oder Krankenschwester-Patient-Verhältnis.

Wie soll man denn ein Verhältnis beurteilen, in dem der Mann seine fast fünfzigjährige Ehefrau nach einem anstrengenden Arbeitstag folgendermaßen zu Hause begrüßt: «Na, was hat meine Kleine denn heute alles gemacht. Hat sie sich im Garten gesonnt oder Papas Geld in der Stadt ausgegeben.» Vielleicht ist es lieb gemeint, aber trotzdem sind es Worte, die unmöglich an eine Partnerin gerichtet sein können. So spricht man höchstens seinen Hund an. Aus diesen Partnerschaften kann nichts Fruchtbares mehr wachsen.

Einsame Entscheidungen Hat sich der Partner innerlich schon von einem gelöst? Ein sicherer Beweis dafür sind einsam getroffene Entscheidungen. Die Anschaffung eines Autos wird nicht mehr besprochen, sondern derjenige, der bezahlen kann, entschließt sich einfach zum Kauf. Man bucht eine Reise, ohne den anderen zu informieren, man beginnt ein neues Hobby, ohne es dem anderen wenigstens zu sagen. Plötzlich spielt man Tennis, macht eine Studienreise oder war bei einem Klassentreffen. Hier hat einer bereits das Handtuch geworfen. Innerlich hat er aufgegeben und sich auf sein Leben als künftiger Single eingerichtet. Oft ist das ohne Absicht passiert, aber dennoch, das innere Band ist nun mal zerrissen. Man vergisst einfach, den anderen zu informieren, weil er im Kopf keine Rolle mehr spielt. Auslöser kann jedoch auch die mangelnde Anwesenheit des Partners sein. Häufig schleicht sich solches Verhalten in Ehen ein, in denen ein Partner auswärts arbeitet oder nur am Wochenende nach Hause kommt. Notbremse ziehen und sich wieder mehr

Zeit schenken oder ernsthaft darüber nachdenken, ob man allein nicht besser zurechtkommt.

Keine gemeinsamen Ziele Eine gute Ehe zeichnet sich durch eine gemeinsame Zukunftsplanung aus. Beide wünschen sich ein Kind, ein Eigentum, ein gastfreundliches Haus. Aber was passiert, wenn einer nur zu Hause sitzen, der andere aber am liebsten abends durch die Kneipen tingeln will? Gut, dann findet man einen Kompromiss. Schwieriger wird's, wenn er sich eine Hausfrau wünscht, sie aber berufliche Selbstverwirklichung anstrebt. Oder wenn sie im Süden leben möchte und er nichts mehr genießt als einen Tag an der stürmischen See? Es gibt Menschen, die wollen die Welt sehen, und andere, die lieber jede Mark in ihr Häuschen stecken. Was dann? Ganz einfach! Jeder hat nur ein Leben. Wenn man wichtige Lebensziele an der Seite seines Partners nicht realisieren kann, muss man sich trennen.

Kein Miteinander Zusammen kochen, den Garten bestellen, Freunde besuchen. So stellt man sich Partnerschaft vor. Doch der Alltag sieht anders aus. Ohne äußere Zwänge wie den Geburtstag der Mutter findet keine gemeinsame Feier mehr statt. Wenn nicht die Freunde Wert auf den gemeinsamen Kinogang legten, hätte man seit zwanzig Jahren nicht mehr zusammen vor der Leinwand gesessen. Gemeinsam unternimmt man nur noch etwas, wenn gesellschaftliche Zwänge es erfordern. Oder soll sie wirklich bei der Schulfeier allein erscheinen? Also trottet er pflichtgemäß nebenher, hofft aber, dass alles schnell vorbeigeht. Und der regelmäßige Gang auf den Markt? Lästig, aber er geht mit. Die letzte Bastion, die noch fallen könnte, ist der gemeinsame Urlaub. Das gehört sich doch so, wenigstens zusammen in die Ferien zu fahren. Sonst wissen doch alle: Bei denen stimmt etwas nicht. Aber jeder kennt die gequälten, gelangweilten Gesichter in den Hotel-Restaurants, wenn Ehepaare an den gemeinsamen Tisch gezwungen werden und sich längst nichts mehr zu sagen haben. Prognosen für solche Ehen sind schlecht.

Humorlosigkeit Klingt dumm, stimmt aber: Man muss gemeinsam lachen können. Denn wenn man sich auch in puncto Humor versteht, kann man viele problematische Situationen entkrampfen. Mit einem Augenzwinkern oder einer flapsigen Bemerkung kann man Konflikte auflockern und Hindernisse schnell aus der Welt schaffen. Der Weg zur Harmonie ist wieder frei. Wann haben Sie zuletzt zusammen gelacht? Sie können sich nicht erinnern? Ein schlechtes Zeichen für die Ehe.

Eingeschlafene Sexualität Zu guter Letzt: Sex ist manchmal das letzte Band, das ein Paar zusammenhält. Wenn auch hier nichts mehr geht, weil man sich nicht mehr attraktiv und anziehend findet, dann sollte man nicht nur im Schlafzimmer, sondern auch in der Ehe das Licht ausschalten. Wenn die sexuelle Spannung fehlt und sich sogar körperliche Abneigung in die Ehe geschlichen hat, kann man getrost die Koffer packen. Wer den Partner nicht mehr küssen, streicheln, liebkosen mag, wer nicht mehr gern kuschelt und herumalbert, der hat sein Eheglück verspielt und wird über kurz oder lang in der Partnerschaft erstarren.

Das Leben allein meistern

Knapp 200 000 Frauen und Männer erhalten Jahr für Jahr ihre Scheidungspapiere. Ein großer Teil bleibt zumindest vorübergehend allein. Ist es ein Heer von unglücklichen, verzweifelten Menschen? Keineswegs! Die meisten lernen schnell, sich selbst genug zu sein und ihren Alltag zu meistern. Manche schaffen es sogar mit Bravour. Wie? Wir kommen hier auf das Thema Gedankendisziplin zurück.

Nicht unterkriegen lassen

Heike K. (59) ist eine interessante, spritzige Frau. Ihr Leben war bislang eine Aneinanderreihung ungewöhnlicher Ereignisse. Ihrem Temperament entsprechend hat sie keinen Beruf gelernt, aber in verschiedenen Branchen gearbeitet. Oft hat sie sich ungewöhnliche Fähigkeiten angeeignet. So war sie als Fachfrau für die Restaurierung von Orientteppichen tätig, sie spezialisierte sich auf Edelstein-Therapien, und eine Zeit lang lebte sie von exklusivem Schmuck-Design. Zuletzt arbeitete sie als Einrichtungsberaterin. Drei Ehen hat sie hinter sich, zwei Kinder auf die Welt gebracht. «Mein Leben ist so bunt wie die Erde. Ich bin einfach hindurchgetanzt», pflegt sie gern zu sagen. «Dabei bin ich oft hingefallen, aber immer wieder aufgestanden. Schon als junges Mädchen habe ich mir vorgenommen, mich von nichts und niemandem unterkriegen zu lassen. Ich wollte selbst bestimmen, was ich ernst nehme, was mir wehtut und was mich traurig macht. Immer ist es mir nicht gelungen, das zu steuern. Aber je älter ich wurde, desto besser hat's geklappt.»

Die größte emotionale Niederlage musste sie vor einem Jahr hinnehmen. Fünf Jahre zuvor wollte sie sich auf eine neue Beziehung einlassen. Sie gab eine Anzeige auf mit dem Text: «Suche Mann für alle Fälle!» Dabei hat sie Gregor, einen erfolgreichen Direktor eines Chemiekonzerns, kennen gelernt. Die Liebe traf sie wie ein Blitz. Gregor war ein intelligenter, zärtlicher Mann, der sie auf Händen

trug. Tägliche Telefonate von jedem Fleckchen der Welt, Liebesbrie-
fe, teure Geschenke. Drei Jahre lebten sie schon zusammen, als sie
erfuhr, dass er noch verheiratet war. «Angeblich nur auf dem Papier.
Ich habe es ihm geglaubt.» Als Gregor sich für ein Jobangebot in der
Schweiz interessierte, reagierte sie unkompliziert. «Ich komme
mit», meinte sie sofort. Bis sie eine Wohnung fanden, besuchte sie
ihn jedes zweite Wochenende am Luganer See. Dann mieteten sie
eine Traumwohnung direkt am Wasser. Heike gab ihr Büro auf,
kündigte ihre Wohnung, verkaufte einen Teil der Möbel. Ausgiebig
verabschiedete sie sich von ihren Freunden. «Ich wollte ein ganz
neues Leben beginnen.» Als ihre gesamte Habe in Kartons für den
Abtransport bereitstand, klingelte überraschend ihr Handy. Es war
niemand dran. Nur die Mailbox mit Gregors Stimme ertönte. «Er
teilte mir wie beiläufig mit, dass er sich in eine andere verliebt hätte
und mich nicht mehr haben wollte. Allerdings sagte er noch, dass es
ihm Leid täte! Klack! Aus! Das war der Schlussstrich unter fünf Jahre
Liebe.» Heike brach zusammen. Zum ersten Mal in ihrem Leben
war sie zutiefst getroffen. Die Nachricht ließ sie aus luftigen Höhen
knallhart auf den Boden fallen. Sie stand in jeder Hinsicht vor dem
Nichts. Die letzten finanziellen Reserven waren in den Umzug ge-
flossen. Sie hatte keine Arbeit, keine Bleibe und keinen Partner
mehr. «Sechs Wochen befand ich mich in einem Ausnahmezu-
stand», erinnert sie sich und beteuert, «trotzdem immer handlungs-
fähig» gewesen zu sein. «Ich habe nicht eine Träne vergossen, sondern nur überlegt, wie es weitergehen könnte.»

Mühsam hat sie den Neuanfang begonnen. Sie ist bei ihrer Enke-
lin untergekommen, hat sich bei Freunden Geld geliehen und eine
neue Existenz gegründet. Keine sechs Monate später stand sie im
blütengelben Kittel in ihrer eigenen Ayurveda-Praxis. «Ich hatte
Schulungen gemacht, war zwischendurch sogar zu einem Lehrgang
in Indien. Dann konnte ich hochverschuldet erste Patienten behandeln. Das Geschäft lief auf Anhieb.»

Ein Neubeginn wie aus dem Bilderbuch. «Doch ich knabbere
noch immer sehr an der Trennung von Gregor», gibt sie zu. «Ich liebe ihn weiterhin, obwohl er seit dem merkwürdigen Telefonat nie

wieder ein Wort mit mir gewechselt hat. Aber ich suche noch nach Antworten und Erklärungen. Zigmal habe ich probiert, mit ihm Kontakt aufzunehmen. Ich habe bei ihm angerufen, ihm Briefe, Telegramme, E-Mails geschickt. Er hat nie geantwortet. Er hat mich einfach weggeworfen wie ein altes Paar Schuhe.»

Doch Heike ist an der Belastung nicht zerbrochen. Sie hat nicht an Selbstmord gedacht, nicht angefangen zu trinken, Tabletten zu schlucken oder eine Therapie zu machen. Aber wie hat sie es denn geschafft, trotz dieses ihrer Aussage nach «schlimmsten Leids ihres Lebens» so gut aus dem Tal zu kommen?

«Mit Gedankenkontrolle!», antwortet sie knapp. «Das war mein Heilrezept. Einfach meine Gedanken im Zaum zu halten, nicht abzuschweifen in die Vorstellung übelster Katastrophen wie ‹Jetzt bin ich alt, niemand wird mich je mehr lieben, ich werde einsam und verlassen vor mich hin vegetieren›. Das hat mich gerettet. Ich habe positiv gedacht, mir gesagt: Ich werd's schon schaffen. Jede Trennung ist auch eine Befreiung und ein Neubeginn. Es hat geklappt. Alles, was man braucht, ist etwas Energie, um seine Gedanken in die richtigen Bahnen zu lenken.»

Was Heike geholfen hat, die Katastrophe zu meistern und schließlich noch gestärkt aus der emotionalen Niederlage hervorzugehen, kann jeder einsetzen. Statt zu weinen, sich aufgeben und vielleicht teilnahmslos in eine Krankheit zu schlittern, kann man sich sagen: «Ich bin nicht allein und muss auch in dieser problematischen, belastenden Beziehung nicht krank werden.»

«Ich bin der Situation nicht hilflos ausgeliefert, sondern ich kann etwas dagegen tun.»

«Ich will mich stärken, stabilisieren und schließlich mit oder ohne meinen Partner ein glückliches Leben führen.»

Was man sich in der Vorstellung ausmalt, kann wie bei Heike das Leben beeinflussen. Sicher hat sich jeder schon mal gewundert, warum der eine so viel Glück hat, nie krank ist und einen großen Freundeskreis hat, während der andere sein Leben als Verkettung unglücklicher Zwischenfälle erlebt. Warum wird in Ehen, in denen der Mann seine Frau brutal zusammenschlägt, die eine krank, während sich die andere auch nach diversen blauen Flecken immer wieder erholt? Warum ist ein Mann den dauernden Nörgeleien seiner Frau nicht gewachsen und reagiert mit ständigen Magengeschwüren, während der andere locker darüber hinweggehen kann, sie an sich drückt, ein paar nette Sätze sagt und dann mit seinen Freunden zum Kartenspiel verschwindet. Er bleibt unbelastet und gesund.

Die Antwort ist leicht. Es ist eine Form des Umgangs mit sich selbst und dem Leben. Man kann in einem Autounfall das Ende sehen oder eine Unterbrechung und sich auf den Neubeginn freuen. Wer nach einer Operation im Bett liegt, kann sich ausmalen, wie schön es wird, wenn er in der Lage ist, wieder aufzustehen, zu laufen, einen Ausflug zu machen. Er kann sich vorstellen, welches Stück Kuchen er sich gönnen wird und ob er sich ein neues Kleidungsstück kaufen soll. Solche Kranken werden schnell wieder gesund. Sie nehmen das Schicksal an und bauen es in ihre Lebensplanung ein, anstatt sich dagegen zu sperren. Sie versuchen, dem Leben zu vertrauen, und sehen auch in weniger beglückenden Situationen und Ereignissen einen positiven Richtungswechsel.

So hat es auch Heike gemacht. Sie hat die schmerzhafte Trennung als Richtungswechsel gesehen. Sie hat den Wink des Schicksals verstanden und sich darauf verlassen, dass auch ohne ihren Gregor alles gut wird. Sie hat Vertrauen zu sich selbst, zum Leben, zu Gott gehabt und deshalb diese dramatische Krise meistern können.

Positive Gedanken

Heike hat also ihren Weg gefunden. Sie hat es geschafft, Ereignisse hinzunehmen und nicht daran zugrunde zu gehen. Eine Stärke, die sie auch bei Kleinigkeiten im Alltag anwendet. Wenn sie beim Einkaufen von der Verkäuferin angemault wird, bleibt sie ganz ruhig. Sie ärgert sich nicht. «Warum auch? Ich will mich nicht ärgern lassen. Ärgern macht alt, missmutig, traurig. Da ich den Zustand nicht gern mag, vermeide ich ihn. Ich habe doch in der Hand, ob ich mich ärgern lasse oder nicht. Wie? Indem ich den Groll anderer gar nicht an mich heranlasse.» Heike erreichen die negativen Gedanken ihres Gegenübers nicht. Sie schmettert sie einfach ab und bleibt unbehelligt.

Aber was war direkt nach der Trennung? Hat sie sich da nicht schlecht gefühlt, weil der Partner sie verlassen hat? Was soll man denn tun, wenn die Partnerschaft zu Ende ist und man nicht mehr weiterweiß?

Man kann klagen und sich selbst bedauern. Man kann aber auch in schwierigen Situationen einen Sinn sehen und sich sagen: Diese Erfahrung ist gut für mich. Sie macht mich reifer, stabiler, selbstsicherer. Wenn ich etwas verliere, bekomme ich dafür etwas anderes in meinem Leben, das mich bereichert. Wenn ich den Partner verliere, bekomme ich vielleicht mehr Freiräume, in denen neue Lebensqualitäten wachsen können. Frauen, die sich nach jahrelangem Streit von ihrem Partner trennen und damit aus einer quälenden Beziehung befreien, entdecken plötzlich ganz neue Seiten an sich. Sie werden aktiv, kreativ, leistungsbereit. Jahre, ja, Jahrzehnte haben sie in einer Art Dämmerzustand verbracht, dann scheinen sie plötzlich aufzuwachen und über sich hinauszuwachsen. Sie eröffnen Geschäfte, schreiben Bücher, gründen Organisationen, engagieren sich für Bedürftige oder die Umwelt. Vorher wäre so etwas undenkbar gewesen. Nur weil die Ehe unerträglich war oder vom Mann beendet wurde, haben sie diese Seite an sich erkannt.

Fazit: Man kann aus Trennungen lernen und zur Erkenntnis kommen, dass nichts, was im Leben passiert, gut oder schlecht ist. Man sollte erst einmal abwarten, was sich daraus entwickelt. Das anfangs Schlechte wird später oft das Gute. Was spricht also dagegen, Veränderungen gleich positiv zu sehen und sich das quälende Grübeln zu ersparen?

So wie sich unsere eigenen Gedanken auf unser Leben auswirken, wirken sich auch die Gedanken anderer aus. Gedanken sind Kräfte, die das, worauf sie gerichtet sind, beeinflussen. Deshalb ist es wichtig, dafür zu sorgen, dass möglichst viele Menschen gut von uns denken. Wenn uns Hass entgegenschlägt, fühlen wir uns geschwächt. Es geht uns schlecht. Wir denken darüber nach, womit wir den anderen verletzt haben, was wir ihm angetan haben und wie wir das ändern können. Wir werden unsicher und nachdenklich. Die negativen Reaktionen anderer beeinflussen uns also auch negativ.

Oft beklagen sich Menschen, dass sich niemand um sie kümmert. «Kümmern Sie sich um andere?», sollte man dann fragen. Die Antwort ist meistens Ratlosigkeit.

Wenn man Menschen Liebe und Aufmerksamkeit schenkt, wird man dies auch zurückbekommen. Man spricht dabei vom Kreislauf des Lebens. Wer einmal an der Straße angehalten und jemandem bei einer Panne geholfen hat, wird irgendwann in einer ähnlichen Situation auch Beistand erhalten. Deshalb gilt: zupacken, einspringen, helfen, wo immer es nötig erscheint. Das bleibt mit Sicherheit nicht ohne Folgen.

Harmonie

Wichtig ist, dass alles in Balance ist. So wie bei der Gesundheit Körper, Geist und Seele im Gleichgewicht sein müssen, muss auch im Leben alles in Balance, also harmonisch sein. Das gilt für alle Bereiche. Es ist wichtig, dass die finanziellen Ausgaben in Harmonie zu den Einnahmen stehen. Man muss wissen, wie man seine Arbeitszeit in Harmonie zu seiner Freizeit hält und dass die Erwartungen in Einklang mit den Möglichkeiten stehen. Ein Mensch wird unzufrieden, wenn er mehr erwartet, als realistisch ist.

Harmonie erreicht man auch dann, wenn man lernt, Dinge, die man nicht ändern kann, anders anzugehen. Ein Beispiel: Die eigene Mutter ist ständig unzufrieden. Ändern kann man sie nicht, das hat man schon hinlänglich versucht. Das Familienleben ist aber nicht mehr harmonisch, es ist aus dem Gleichgewicht geraten. Also muss man die Strategie ändern. Man kann als Nächstes seine Sichtweise ändern und sich vornehmen: «Ich werde mich nicht mehr von ihren ständigen Nörgeleien auf die Palme bringen lassen, sondern versuchen, die Harmonie wiederherzustellen.»

Das geht, indem man sich nicht mehr darüber aufregt, dass die

Mutter nörgelt, sondern seine Gedanken und seinen Umgang mit dem Thema verändert.

So ist es zum Beispiel besser, auf die Mutter einzugehen, sie zu fragen, was sie ärgert und was sie sich anders wünscht. Wer so Verständnis und Liebe zeigt, offen Harmonie anstrebt, wird Gleiches auch zurückbekommen. Eine positive Grundhaltung mit einem verständnisvollen Gedanken ruft auch bei anderen Menschen positive Reaktionen hervor. So kann man Harmonie erreichen.

Eine wichtige Erkenntnis ist nun mal: Nichts ändert sich von selbst, nur man selbst kann sich ändern. Manche Menschen stören sich ihr ganzes Leben über an bestimmten Eigenarten ihrer Eltern, Partner, Freunde, Kollegen. «Musst du immer so böse über andere reden!» oder «Warum rechnest du pedantisch jede Rechnung nach?», wirft man der besten Freundin vor. Eigenarten, die man als störend empfindet, gegen die man aber nichts unternehmen kann. Indem man es der Freundin immer vorhält, wird es nur noch schlimmer. Denn das Negative nimmt auch von den eigenen Gedanken immer mehr Besitz. Es bekommt eine erhöhte Bedeutung. Irgendwann beherrscht es einen komplett, und alles, was die Freundin tut, sieht man unter dem einen Aspekt, den man nicht akzeptieren kann. «Typisch, dass du jetzt wieder in der Tasche nach dem Schlüssel kramst. Hättest du ihn gleich weggeräumt, wäre das nicht passiert. Aber du musstest ja essen ...» Wer kennt die ewigen, lästigen Tiraden nicht, mit denen sich Menschen auf die Nerven gehen.

Aber ändern wird sich dadurch nichts.

Besser ist es, liebevoll und positiv über andere Menschen, Verwandte, Freunde, Kollegen zu denken und zu sprechen. «Sie ist eben so, dass sie alles vergisst. Aber sie meint es nicht böse. Es ist nur eine kleine Schwäche.» Diese positiven Gedanken zeigen sich bei der Begegnung mit der Freundin. Man blickt sie nicht mehr böse, sondern milde an. Sie wird entsprechend sanft antworten. Vermutlich wird sie sagen: «Du hast Recht. Es tut mir Leid!»

Beginnt man also, seinen Eltern, Freunden und Kollegen mit Wohlwollen und Liebe zu begegnen, kann man Krisen leichter bewältigen. Wenn einer den Kreislauf durchbricht, ist das oft das Ende der Querelen. Positive Gedanken wie «Meine Mutter ist lieb, verlässlich, ehrlich» ändern auch einen selbst. Man sieht seine Mutter plötzlich wieder mit anderen Augen. Der Gedanke «Meine Kollegin ist anständig und nett» schafft eine bessere Voraussetzung für das Miteinander als «Sie ist gehässig, stur und intolerant.»

Mit Hilfe positiver Gedanken kann man andere Menschen neu entdecken. Genau das spüren sie und antworten entsprechend. Positive Gedanken lassen das Miteinander dauerhaft schön und harmonisch sein. Man versteht irgendwann, dass nicht die Tatsachen einen belastet haben, sondern nur die eigene Sichtweise der Dinge.

Ängste in den Griff bekommen

Nach dem Statistischen Bundesamt in Wiesbaden leiden 2,3 Millionen Deutsche an quälenden Ängsten. Meist ist es nicht eine bestimmte Situation, die diese Ängste hervorruft, sondern nur die bloße Vorstellung davon. Betroffene malen sich stundenlang aus, was alles auf sie zukommen könnte. Ein Horrorszenario entsteht in ihrem Kopf und baut Ängste auf, die wiederum belasten und «krank» machen.

Wenn man dagegen auf sich und die eigene Kraft vertraut, können kaum Ängste aufkommen. Es ist wie mit dem Hunger. Füllt man den Magen, ist das Gefühl des Hungers weg. Nur dass in diesem Fall die Seele nach Vertrauen, Geborgenheit und Liebe schreit. Bekommt sie das alles, geht die Angst wie von selbst. Gibt man der Seele Unterstützung in Form von positiven Gedanken, erstarkt sie wieder und wird stabil.

Konzentriert man sich auf derartige Gedanken, setzt das Unterbewusstsein alles in Bewegung, diese auch umzusetzen. «Der Glaube kann Berge versetzen» – der Glaube an Gott, an eine übergeordnete Macht, an sich selbst. Wovor braucht man dann noch Angst zu haben?

Steckt man jedoch mitten in einer Krise, hat man Probleme, diese Sichtweise anzunehmen. Manchen hilft es, sich vorzustellen, wo man in einem Jahr sein wird. Plötzlich wird das graue Dickicht durchsichtig. Stimmt! Vermutlich bin ich dann nicht mehr krank, kann wieder arbeiten, die Sonne und die Natur genießen. Alles ist endlich, nichts für immer. Also ist auch dieser Zustand der Zeit unterworfen. Er wird vorübergehen, und man wird rückblickend daraus Gewinn gezogen haben.

Wer auf vergangene Krisen zurückblickt, wird darüber hinaus feststellen, dass sie wichtig waren, weil sie einen nötigen Richtungswechsel beinhalteten. Man musste erst das ganze Tal durchschreiten, um den Willen zu haben, an der anderen Seite wieder hochzukraxeln. Das Wissen, dass jedes Tief seinen Nutzen hat, hilft, Krisen durchzustehen.

Doch wenn man Angst vor etwas hat, drehen sich alle Gedanken nur darum, und man zieht das Unheil förmlich an. Es gibt Menschen, die sich jahrelang in eine Krankheit hineingesteigert haben und schließlich wirklich an ihr erkrankt sind. Die Vorstellung ist Wahrheit geworden. Eine eifersüchtige Frau, die sich ständig ausmalt, wie ihr Mann fremdgeht, denkt es sich herbei und wird irgendwie sogar Befriedigung empfinden, wenn es endlich passiert.

Jeder kennt doch das Gefühl, dass man einen großen Wunsch hat, ihn sich aber aus Angst vor der damit verbundenen Angst verwehrt. Man möchte gern in ein bestimmtes Land reisen, hat aber Angst vor der Kriminalität dort. Die Angst verhindert die Erfüllung. Man kommt nie hin, wird immer an dem unerfüllten Wunsch hängen bleiben und nicht Platz machen können für neue. Selbst wenn man die Reise antritt, wird sie überschattet von ständiger Angst. Man kann es gar nicht genießen, weil man sich immer fürchtet, dass man überfallen werden könnte. Die Angst verleidet einem so das Glück.

Das gibt's auch in vielen anderen Situationen. Aus Angst, den geliebten Menschen zu verlieren, klammert man sich so an ihn, dass man das Zusammensein mit ihm gar nicht mehr genießen kann. Besser ist es also, zu vertrauen und die Angst nicht mehr aufkommen zu lassen.

Man kann das Unterbewusstsein entsprechend programmieren. Wenn man erkennt, was man sich wünscht, was man ändern und erreichen möchte, kann einem der Glaube daran, die feste Vorstellung, es zu schaffen, dabei helfen.

Kinder schließen manchmal ganz fest die Augen und stellen sich vor, sie säßen auf einem Pferd oder wären ein Vogel. Warum können die Erwachsenen das nicht auch tun? Auch sie sollten ab und zu ganz fest die Augen schließen und daran glauben, dass alles gut wird. Man kann mit Phantasien die Ereignisse bestimmen, und je konzentrierter man das tut, desto größer wird der Erfolg.

Wer sich in einer schwierigen Lebenssituation befindet, dessen Gedanken kreisen ständig um die Krise. Man kann nicht mehr arbeiten, einkaufen, entspannen, weil die Angst «Meine Firma könnte schließen und ich arbeitslos werden» alles überschattet. Von allen Seiten wird diese Möglichkeit beleuchtet. Man sucht nach Erklärungen und Rechtfertigungen, quält sich mit Schuldgefühlen und Vorwürfen. Immer wieder wälzt man das Problem von einer Seite zur anderen. Der Kopf ist damit für alles andere blockiert.

Man kann aber auch vermeiden, das Problem dauernd in den Mittelpunkt zu stellen, stattdessen andere zentrale Punkte gedanklich beleuchten. Was gefällt mir an meiner Arbeit? Wo möchte ich beruflich gern stehen? Welche Ziele kann ich mir noch stecken? Aber auch: Mein Leben ist auch so schön. Ich fühle mich trotzdem wohl. Ich habe neben der Arbeit viele Lebensinhalte.

Wenn man dem Problem alle Energie, sprich alle Gedanken entzieht, hungert man es aus. Es beherrscht einen nicht mehr, wird kleiner und nebensächlicher.

An die Stelle sollte die Vorstellung treten, was alles schön und lebenswert ist. Stellt man die Dinge, die einem Freude machen, in den Mittelpunkt der Gedanken, kann daraus neue Lebenskraft wachsen. Der Satz: «Ich habe Vertrauen, dass alles gut wird» kann dann zum Lebenselixier werden.

Dabei sprechen wir hier nur von der unnötigen Angst. Es gibt daneben eine Urangst, die uns vor Gefahren schützen, warnen soll. Sie ist uns eingepflanzt, um unser Überleben zu sichern. Nicht sie, sondern die Angst, die aus mangelndem Vertrauen gewachsen ist, sollte man bekämpfen.

Ein Beispiel: Man liegt nachts im Bett und fürchtet sich vor Einbrechern, die plötzlich vor einem stehen und einen bedrohen könnten. Dieser Gedanke nimmt von einem Besitz. Man erstarrt vor Angst, kann keine Ruhe mehr finden. Schweißnass hört man auf jedes Geräusch. Da! War da nicht etwas! Hat es nicht geknirscht! Doch! Das war ein Schritt! Dieses Angstbild existiert ausschließlich im Kopf. Man könnte sich auch umdrehen, an etwas Schönes wie die geplante Urlaubsreise denken und selig schlummern. Denn die Angst hat keinen realen Aufhänger, sie ist ein reines Produkt der Phantasie, ausgelöst vielleicht durch einen Gruselfilm, den man abends im Fernsehen gesehen hat. Doch darüber hinaus gibt es auch eine Lebensangst, die grundlegender ist. Etwa wenn man sich fürchtet, allein gelassen zu werden, nicht geliebt zu sein, den Partner zu verlieren. Diese Angst abzulegen ist deutlich schwieriger. Aber nur wer das schafft, kann sich den Herausforderungen, die das Leben für uns bereithält, stellen und glücklich werden.

Statt zu grübeln und sich in Angst zu verlieren, sollte man mit klarer Zuversicht der Dinge harren, die da kommen, und sich sagen: «Ich werde alles, was das Leben für mich bereithält, meistern.» Angst und Sorge entstehen nur aus Mangel an Vertrauen. Oft kann man vor Sorgen gar nicht mehr klar denken, keine Lösung für seine Probleme finden. Erst wenn man den Sorgen nicht so viel Raum lässt, sondern die Gedankenkraft für die Lösungen verwendet, gibt es einen Weg aus der Krise und der Angst davor.

In dem Moment, in dem wir uns Sorgen machen und Angst vor etwas haben, verlässt uns der Glauben an das Gute. Wir denken nicht mehr positiv, wir vertrauen nicht mehr, stattdessen zweifeln wir und malen uns aus, was uns jetzt alles passieren kann. Die Angst kriecht in unsere Herzen.

Die eigene Kraft mobilisieren

Mit Gedankenkontrolle kann man sein Leben also selbst gestalten. Man setzt Gedanken gezielt zur Problemlösung ein, statt sie mit grüblerischen Inhalten zerstörerisch wirken zu lassen. Wenn man fest an etwas glaubt, beeinflusst es das Unterbewusstsein und bestimmt so nach und nach das eigene Verhalten. Es gibt Seminare für Führungskräfte, in denen die Teilnehmer durch ständiges Wiederholen so lange «eingeredet» bekommen, dass sie nur noch Kraft sind und keine Schmerzen empfinden, dass sie schließlich über glühende Kohlen laufen und tatsächlich nichts spüren. Anschließend befragt, berichten sie davon, ein tiefes Glücksgefühl empfunden zu haben. Sie geben an, dass der Sieg des Willens über die Wirklichkeit sie so glücklich gemacht habe. Sie haben mit ihrem Willen ihre Angst erfolgreich bekämpft.

Je häufiger wir einen Wunsch äußern oder aufschreiben, desto intensiver setzt sich unser Geist damit auseinander und desto mehr Gedankenenergie fließt in die Vorstellung. Schließlich wird sie Wirklichkeit.

Allerdings sollte man seine Gedanken immer positiv formulieren. Das Wort ‹nein› darf man nie benutzen. «Ich möchte niemals krank sein» speichert im Unterbewusstsein den Zustand «krank», nicht den Zustand «gesund». Besser ist es deshalb, immer zu sagen: «Ich bleibe gesund!» Das Unterbewusstsein reagiert nur auf knappe Hinweise und Wünsche. Sie sollten in der Gegenwart ausgesprochen bzw. gedacht werden. «Ich liebe jetzt» statt «Ich werde mich nächstes Jahr verlieben!»

Außerdem sollte sich unser Wunsch niemals gegen andere richten. Dritten Schlechtes zu wünschen wird sich nur wieder gegen uns selbst richten.

Wenn etwas nicht so eintritt, wie man es sich vorgestellt hat, ist es besser, hinterher nicht zu jammern, sondern es als positive Entwicklung anzunehmen. Man kennt den Ausspruch «Wer weiß, wozu es gut ist». Stimmt! Dass man den begehrten Job nicht bekommen hat, wird sich später als Segen herausstellen. Vielleicht bekommt man eine bessere Position, oder man findet am alten Ort sein Traumhaus, das man sich bei einem Umzug in die andere Stadt nicht mehr hätte leisten können. Vieles wird uns nie klar werden. Aber man kann davon ausgehen, dass auch eine Absage einen wichtigen Richtungswechsel für uns darstellt. Wir sollten daraus entnehmen, dass unser Platz offenbar woanders ist. Statt zu klagen, sollten wir uns auf die neue Aufgabe freuen.

Manche Wünsche sind auch einfach nicht zu erfüllen. Berge von Problemen türmen sich vor uns auf. Gut so! Dann sind diese Wünsche nichts für uns, und wir sollten uns nach einer gewissen Zeit des hartnäckigen Bemühens einfach anderen Aufgaben zuwenden.

Am stärksten wirken Sätze, die mit «Ich bin» beginnen. «Ich kann», «Ich werde» oder «Ich habe» kann Berge versetzen.

Wir können uns damit einen Kurs vorgeben und ein Ziel nach dem anderen erreichen. Eine alte Weisheit sagt: «Nicht wie der Wind weht, ist entscheidend, sondern wie man die Segel setzt.» Wer die Einstellung ändert, ändert sein Leben.

Gesetzte Ziele erreichen

Sätze wie «Ich bin krank», «Ich bin unfähig», «Ich bin klein und dumm» können die Einstellung zu sich selbst sowie die eigene Wirkung auf die Umwelt beeinflussen. Wer so von sich spricht, wird dementsprechend behandelt. Man kann auch das Gegenteil über sich sagen und damit das Gegenteil erreichen. Wer sich selbstbewusst und attraktiv gibt, hat mehr Ausstrahlung und wird von seinen Mitmenschen respektiert und geachtet. Wer zu sich und anderen sagt: «Ich bin stark, gesund und kräftig. Ich schaffe meinen Alltag spielend und bekomme meine Ehe in den Griff» und sich solches Denken zur Gewohnheit macht, wird es mit großer Wahrscheinlichkeit auch schaffen. Mit Sätzen und Gedanken können wir uns und unser Leben nach eigenem Wunsch gestalten.

Umgekehrt kann man sich mit der Formel «Ich habe keine Zeit» unter Druck setzen. Wem ständig solche Gedanken durch den Kopf strömen, der wird nur noch durchs Leben eilen, nirgendwo Halt machen und sich ewig gestresst fühlen. Das Unterbewusstsein setzt diesen Gedanken nämlich schnell um. Genauso schnell kann man es aber wieder neu beeinflussen. Wer den Tag mit dem Gedanken «Ich habe Zeit für mich und meine Interessen, für meine Kinder und meine Freunde» beginnt, wird nach einiger

Zeit mehr schaffen, weil er jede Aufgabe gelassen und ausgeglichen angeht.

Mit konstruktiven Worten gedacht, ausgesprochen oder ausgeschrieben, richtet man seine ganze Aufmerksamkeit auf ein Ziel und erreicht es auch. Wenn man ein Problem hat und seine Gedanken nicht um das Problem, sondern um die Lösung kreisen lässt, wird man sie schnell finden. An das Problem denkt man einfach nicht mehr. Man gibt ihm keinen Raum, und so kann es einen auch nicht mehr belasten.

Man kann also mit der Kraft der Gedanken das Positive und Schöne ins Leben holen. Wer es schafft, das Negative aus seinem Kopf zu streichen, wird es auch aus seinem Leben streichen. Die Erfahrung beweist: 90 Prozent aller Sorgen sind überflüssig, weil sich die meisten Dinge, über die man nächtelang grübelt, von allein regeln. Man hat sich also umsonst verrückt gemacht, vielleicht nicht geschlafen, Freunde angerufen und mit sorgenvoller Miene an Experten gewandt. Deshalb sollte man sich mit negativen Dingen erst gar nicht belasten, sondern gleich an die positiven denken. Natürlich ist keine hundertprozentige Kontrolle über die Gedanken möglich. Man kann nicht immer verhindern, dass einen bestimmte Nöte plagen. Aber man kann verhindern, dass sie Macht über einen bekommen und sich im Kopf festsetzen. Wer es schafft, sich nicht in ein Problem zu verbeißen, sondern es mit Disziplin aus seinem Kopf zu vertreiben, der hält damit den Schlüssel für sein Glück in der Hand. Wer diese Regeln befolgt, wird ein zufriedenes, erfülltes Leben führen, ob mit oder ohne Partner.

Fazit der Autorin

Ich habe in meinen vielen Interviews von schlimmen partnerschaftlichen Katastrophen und Niederlagen gehört. Doch am Ende der Berichte stand für die meisten Frauen wieder die Sehnsucht nach einer harmonischen, erfüllten Partnerschaft. Der Kernsatz lautet: «Wenn mir der Richtige begegnet – ja, dann würde ich es gern nochmal versuchen!»

Der Mensch sehnt sich nach Bindung, nach harmonischer Zweisamkeit. Als Ausgleich zu Tempo und Kälte unserer Gesellschaft wünscht man sich das große Glück zu zweit, das Liebe und Wärme spendet bis ans Lebensende. Man will weg von den Bedrohungen der stürmischen See und Vertrauen, Nähe und Geborgenheit im sicheren Ehehafen finden.

73 Prozent der jungen Menschen unter 20 Jahren möchten auf jeden Fall heiraten. Das zeigt eine Erhebung des Statistischen Bundesamtes in Wiesbaden. Für 90 Prozent der erwachsenen Frauen sind Ehe und Familie die zentralsten Punkte im Leben. Es ist ein Urbedürfnis, nicht allein zu sein. Man möchte dauerhafte Gemeinschaft mit einem Menschen, der bedingungslos zu einem steht, und das mit einem Trauschein garantiert bekommen. Auf die Institution Ehe wird immer noch viel Hoffnung gesetzt. Doch dann verkümmert das Hochzeitsglück im zänkischen Alltag. Er betrügt sie, sie piesackt ihn mit Boshaftigkeiten. Was mit so vielen Idealen besetzt war, mit so großen Zielen angegangen wurde, zerbricht im Laufe der Jahre. Frauen drohen dabei besonders tief zu fallen. Weil sie den Aufprall fürchten, den Schmerz der Trennung meiden, halten sie durch, klammern sich an Vorstellungen ehelichen Glücks, die mit der Realität längst nichts mehr zu tun haben.

«Die Liebe ist eine Baustelle, an der Tag und Nacht gearbeitet werden muss», verdeutlichen uns die Medien. Beratungsstellen schießen wie Pilze aus dem Boden. Der Büchermarkt wird überschwemmt von Eheratgebern. Die Botschaft lautet: Bloß nicht aufgeben!

Also will man durchhalten. Durchhalten, weil man es von sich erwartet, weil man es den Kindern oder Eltern schuldig ist, aber auch, weil man nicht weiß, was danach kommt. Dieses Ausharren in unglücklichen Partnerschaften sorgt für überfüllte Wartezimmer der Mediziner und leere Kassen der Krankenversicherungen. Den Ruin einer Liebe vor Augen, werden besonders Frauen krank. Sie fressen ihre Enttäuschung über die unerfüllten Erwartungen und ihre Angst vor dem Alleinsein in sich hinein, winden sich verzweifelt im seelischen und körperlichen Leid und lassen trotz allem nicht los von der Vorstellung, um jeden Preis in einer Ehe leben zu müssen.

Dieses Buch soll helfen, klarer zu sehen, Kraft zu Änderungen zu bekommen und den Weg einzuschlagen, der einen gesund bleiben oder werden lässt, egal, ob in oder außerhalb der Partnerschaft. Wenn man eine Ehe retten kann, wunderbar! Dann ist es mit Abstand die beste Lösung. Wenn nicht, geht damit das Leben auch nicht zu Ende. Es geht weiter. Wohin, das wird man sehen. «Mein Leben ist so bunt wie die Erde. Ich bin einfach hindurchgetanzt», sagt eine Frau in diesem Buch. Ein Satz, der Mut gibt loszulassen, was einen erst nicht glücklich und später sogar krank macht.

Die Autorin

Andrea Micus, Jahrgang 1956, hat sich nach ihrem Germanistikstudium als Journalistin auf Frauenberichte spezialisiert. Sie hat für diverse Zeitschriften viele hundert Frauen interviewt. Diese Erlebnisberichte sind zur Grundlage ihres Buches geworden.

Anhang: Adressen

Deutscher
Psychotherapeutenverband e. V.
10785 Berlin
Am Karlsbad 15
Telefon: 030/23 50 09-0
Fax: 030/23 50 09-44

Bundesarbeitsgemeinschaft
für Beratung bei Familienkrisen,
Trennung und Scheidung
79102 Freiburg
Güntertalstraße 41
Telefon: 0761/787 61
Fax: 0761/79 66 15

Deutsche Arbeitsgemeinschaft für
Jugend- und Eheberatung e. V.
81673 München
Neumarkter Straße 84c
Telefon: 089/436 10 91
Fax: 089/431 12 66

Deutsche Gesellschaft
für Alternative Medizin e. V.
30938 Burgwedel
Großer Garten 4
Telefon: 05139/27 81 01
Fax: 05139/27 81 02

Anonyme Alkoholiker
Interessengemeinschaft e. V.
80939 München
Lotte-Branz-Straße 14
Telefon: 089/31 69 50-0
Fax: 089/316 51 00

Beratungszentrum für Essstörungen
Dick & Dünn e. V.
10825 Berlin
Innsbrucker Straße 25
Telefon: 030/854 49 94
Fax: 030/854 84 42

Telefon-Notruf für Suchtgefährdete
80331 München
Tal 19
Telefon: 089/28 28 22
Fax: 089/24 20 80 11

Pro Familia e. V.
60596 Frankfurt a. M.
Stresemannallee 3
Telefon: 069/63 90 02
Fax: 069/63 98 52

Deutsche Gesellschaft für
Psychosomatische Frauenheilkunde e. V.
10117 Berlin
Universitätsklinikum Charité
Luisenstraße 57
Telefon: 030/45 06-23 05
Fax: 030/45 06-29 92

Deutsche Schmerzliga e. V.
61476 Kronberg
Hainstraße 2
Telefon: 06173/375 375 375
Fax: 06173/375 375 38

NAKOS – Nationale Kontakt- und
Informationsstelle zur Anregung und
Unterstützung von Selbsthilfegruppen
Albrecht-Achilles-Straße 65
10709 Berlin
Telefon: 030/891 40 19
Die Organisation arbeitet mit weit über 100 lokalen Kontaktstellen
zusammen.

Michael Lukas Moeller
Die Liebe ist das Kind der Freiheit
(rororo sachbuch 60594)

Wir alle wissen, dass sich Gefühle nicht erzwingen lassen.
Aber was ist denn diese Kunst der freien Bindung? Wie
lassen sich Freiheit und Bindung vereinen?
Die vier Kapitel dieses Buches sind ein Beitrag zur
erotischen Kultur.

Michael Lukas Moeller, geboren 1937 in Hamburg.
Psychoanalytiker und Paarexperte. Als «Papst der Paare»
führte er zahlreiche Innovationen in die Paargruppen-
Analyse ein. Für sein Quartett der Zwiegesprächsbücher
im Rahmen seines Lebenswerks wurde er im Jahr 2000 mit
dem ersten «Internationalen Otto Mainzer Preis für die
Wissenschaft von der Liebe» ausgezeichnet.